JN074754

『時短×脱ムダ 最強

ョートカッ

Windows		フ
アプリを素早く起動	⊞ → [頭文字] → Enter	エクスプローラーを起動
タスクバーからアプリを起動	⊞ + [数字]	アプリの使用履歴を表示(タ
コピー履歴から選択して貼り付け	⊞ + V	プレビューウィンドウを表
デスクトップを画面キャプチャ	⊞ + Print Screen	フォルダーの表示レイアウ
Snipping Tool で画面キャプチャ	⊞ + Shift + S	同じフォルダーをもう1つ
右クリックと同等の操作	▤ / Shift + F10	ファイル名を変更
画面を2分割してウィンドウを並べる	⊞ + ← / ⊞ + →	ファイルやフォルダーを削
ウィンドウを全画面表示	⊞ + ↑	フォルダーの内容を最新に
ウィンドウを最小化	⊞ + ↓	検索
他のウィンドウをすべて最小化	⊞ + Home	新しいフォルダーを作成
ウィンドウを移動	Alt + space → M	全選択
ウィンドウサイズを変更	Alt + space → S	コピー
アプリを閉じる	Alt + F4	貼り付け
タスクビューでアプリを切り替え	⊞ + Tab	カット
Windowsフリップでアプリを切り替え	Alt + Tab	操作の取り消し
「設定」を表示	⊞ + I	戻る
PC をスリープ	⊞ + X → U → S	進む
Windows を再起動	⊞ + X → U → R	上位フォルダーに移動
スナップレイアウトを表示*	⊞ + Z	新しいタブを追加*
通知センターを表示*	⊞ + N	タブを閉じる*

* は Windows 11 のみ 　　　　　　　　　　　　　　　　　　　　　　　　 * は Windows 11 のみ

厳選

る環境設定一覧

Outlook

操作	ショートカット
表示レイアウトの切り替え	Alt → V
受信トレイへ移動	Ctrl + S
指定フォルダーへ移動	Ctrl + Y
送信トレイへ移動	Ctrl + S
新しいフォルダーを作成	Ctrl + S
Outlook の画面切り替え（メール／予定表／連絡先／タスク）	Ctrl + 1
送受信グループ	Ctrl + A
検索（Microsoft Search）	Ctrl + E
高度な検索	Ctrl + S
フラグのユーザー設定	Ctrl + S
既読	Ctrl + Q
未読	Ctrl + U
返信	Ctrl + R
全員に返信	Ctrl + S
メールをアーカイブ	Back space
メールを削除	Delete
クイックパーツの登録*	Alt + F
クイックパーツの挿入*	F3
連絡先を指定*	Alt + T
メールの送信*	Alt + S

Excel

自動調整	p.122
	p.128
	p.112
	p.116
	p.138
	p.144
	p.147
面を停止	p.84
ンを停止	p.84

Outlook

送信」	p.197
化	p.183
	p.204
「>」を設定	p.189
形式」にする	p.187
	p.162
化	p.157
	p.207
ートを無効	p.187
送信を無効	p.158

*の操作は「メール作成時」のみ実行可能

1日が27時間になる
一生役立つ「最強スキル」

脱ムダ × 時短

最強の仕事術

橋本和則

≡ SB Creative

WORK
EFFICIENTLY

本書に関するお問い合わせ

この度は小社書籍をご購入いただき誠にありがとうございます。小社では本書の内容に関するご質問を受け付けております。本書を読み進めていただきます中でご不明な箇所がございましたらお問い合わせください。なお、お問い合わせに関しましては以下のガイドラインを設けております。恐れ入りますが、ご質問の際は最初に下記ガイドラインをご確認ください。

● ご質問の前に

小社 Web サイトで「正誤表」をご確認ください。最新の正誤情報を下記の Web ページに掲載しております。

> 本書サポートページ https://isbn2.sbcr.jp/10975/

上記ページの「サポート情報」のリンクをクリックしてください。
なお、正誤情報がない場合、正誤表は表示されません。

● ご質問の際の注意点

・ご質問はメール、または郵便など、必ず文書にてお願いいたします。お電話では承っておりません。
・ご質問は本書の記述に関することのみとさせていただいております。従いまして、○○ページの○○行目というように記述箇所をはっきりお書き沿えください。記述箇所が明記されていない場合、ご質問を承れないことがございます。
・小社出版物の著作権は著者に帰属いたします。従いまして、ご質問に関する回答も基本的に著者に確認の上回答いたしております。これに伴い返信は数日ないしそれ以上かかる場合がございます。あらかじめご了承ください。

● ご質問送付先

ご質問については下記のいずれかの方法をご利用ください。

Webページ より	上記ページ内にある「お問い合わせ」をクリックすると、メールフォームが開きます。要綱に従ってご質問をご記入の上、送信ボタンを押してください。
郵送	郵送の場合は下記までお願いいたします。〒106-0032 東京都港区六本木2-4-5 SB クリエイティブ　読者サポート係

はじめに

限りある大切な時間を、
少しでも多く「自分のため」に。

本書を手に取っていただき、ありがとうございます。
今この文章を読んでくれている皆さんは、
きっと毎日をとても忙しく過ごしている方々だと思います。

そして「**毎日の忙しさが、少しでも改善するのなら**」という思いで、
本書を手に取ってくれたのではないでしょうか。

本書は、そのような思いを持ったみなさんのために企画・構成されています。
まずは立ち読みで中身を確認してください。

●「退屈な仕事」を素早く終わらせる方法がある

「1日24時間じゃ足りないよ…」
「1日があと3時間長かったら、自分のためにいろいろできるのに」
このように思ったことはないでしょうか。

筆者は以前、毎日時間に追われ、山積みの仕事をこなす日々を過ごしていました。
ストレスを感じ、時間的な余裕はなく、気持ちも急いていたように思います。
そんなある日、**自分が行っている作業の中にいくつか「ムダな作業」があること**に気づきました。

・メールを書くときに、同じような文章を何度も書いている
・Excelを操作するときに、何度もマウスとキーボードを行き来している
・文字入力でミスをして、消したり書いたりを繰り返している
・毎日、同じようなパソコン操作を繰り返している

1つひとつの操作にかかる時間は数秒、長くても数十秒です。

　そのため、「そんな小さな作業を改善したところで、たいして変わらない」と感じる人も多いと思います。

　しかし、こういった「小さなムダ」も、毎日のこととなると馬鹿にはできません。

　現代社会では多くの人がほぼ毎日パソコンを触っています。

　1回あたり数秒であっても、1週間、1カ月、1年間と積み重なると、膨大な時間になります。

　「小さなムダ」は、みなさんの大切な時間をたくさん消費しているのです。

　そのことに気づいた筆者は、日常に潜む「小さなムダ」を徹底的に洗い出しました。

　そして、それらのムダをなくす、最適な方法を研究して編み出しました。

　その結果、**1日を27時間に増やす**ことができ、毎日3時間、以前よりも「自分のための時間」を持てるようになったのです。

本書は、その集大成となる一冊です。

　筆者がこれまでに見つけ出し、そして改善してきたすべてのスキルを余すことなくこの一冊にまとめました。ぜひ、一度ご確認ください！

●すぐに習得できて、一生役立つ

　もう1つ、みなさんにお伝えしたい大切なことがあります。

　それは、「**作業を効率化したり、ムダを減らしたりする方法は、とても簡単**」ということです。本書で紹介している方法は、どれもとても簡単です。すぐに習得できます。しかも、**この先ずっと役立つような、とても便利なものだけを厳選**しています。

　いま仕事でパソコンを使っている人は、今後もずっと、何年も何十年もパソコンを使い続けるでしょう。そのため、**できるだけ早い段階で、本書で紹介しているテクニックを習得することをお勧めします**。そのほうがより多くの効果（つまり時間と心の余裕）を得ることができます。

● ムダが減るとミスも減り、品質が向上する

時短テクニックを身に付けてムダな作業を減らすと、自由になる時間が増えることに加えて、「**ミスが激減する**」という大きなメリットもあります。

例えば、毎回一から文字入力をしていたら漢字の変換ミスや、文字の誤入力が生じる可能性があります。しかし、本書で紹介しているテクニックを使えば「文字を入力する」という操作そのものを大幅に減らすことができるので、文字の入力ミスがなくなります。他にも、Excelの操作ミスや、メールの誤送信も激減します。

そしてその結果、**仕事全体の品質が向上し、周りの人からの信頼がさらに高まります。**

● 新人・若手から管理職まで「もっと早く知りたかった！」

本書の内容は、新人・若手から管理職まで、「**仕事でパソコンを使っているすべての人**」にとって必ず役に立つと確信しています。年齢や性別、職種や業種は関係ありません。次のような方々に読んでいただけると嬉しいです。

・これから社会に出る学生や新社会人のみなさん
・意欲的に仕事に打ち込んでいる20代のみなさん
・中堅社員として会社を支えている30代、40代のみなさん
・専門職や管理職として若手を育成している50代、60代のみなさん

実際、これまでも多くの方に「**もっと早く知りたかった！**」といっていただいています。みなさんもぜひ一度、本書を読んでみてください。そうすれば、いままでストレスであったあの操作を、**こんなにも素早く、簡単にできることを実感していただける**と思います。

みなさんの限りある大切な時間が、少しでも多く「**自分のため**」に使えるようになればと願っています。

そして、本書が少しでもみなさんの役に立ったのであれば、この上なく幸せです。

橋本情報戦略企画　橋本和則

目　次

第1章
最も大切なのは
「Windowsの操作」

01 マウスから手を離すことからはじまる「脱ムダ」 ……………… 14

02 ショートカットキーの「規則性」を把握する ……………… 16

03 目的のアプリを1秒で起動する方法 ……………… 20

04 ウィンドウを自在に操り、作業効率を高める ……………… 24

05 アプリやウィンドウは閉じずに「開きっぱなし」にする ……… 29

06 「コピペ」を極める ……………… 33

07 スクリーンショットの便利な撮り方 ……………… 39

08 ファイルを一瞬で開く ……………… 42

09 効果が大きいOffice共通の時短テクニック ……………… 49

第2章
「文字入力」が
劇的に速くなる

01 文字入力の「ムダ」をなくそう ……………… 54

02 日本語入力の基本をおさらい 58

03 文字変換のストレスをゼロにする方法 62

04 読み方がわからない記号を1秒で入力する 65

05 日本語を入力中に英語をスムーズに入力する 68

06 「ユーザー辞書」を強化して最強の時短を手に入れる 70

07 キーボードを使わずに文字を入力する 74

08 文字の書式を瞬時に変更、またはリセットする 79

09 Officeの「おせっかい機能」を撲滅する 82

10 「キーの再マップ」で文字入力を劇的に改善する 85

第3章
Excelの
時短 & 脱ムダ仕事術

01 Excel操作を劇的に改善するための2大要素 90

02 数式を使わずにデータの傾向を確認する 93

03 事前に習得しておくべき7つの最重要テクニック 97

04 Excelの「やってはいけない」7つの行為 102

05 「シートの管理」は面倒くさいがとても重要 106

06 セル操作を指に覚えさせる 110

07 セル編集のムダをなくす 114

08 データ入力を一気に終わらせるスゴいワザ …………… 118

09 行と列を調整して「作業しやすい表」にする ……… 122

10 「表示形式」を極めよう ……………………………… 128

11 「見やすい表」を実現するフォント・配置・色使いのルール 132

12 罫線を自由自在に引く方法 ………………………… 137

13 オートフィルの賢い使い方 ………………………… 140

14 表をテーブル化して超効率化を実現する ………… 144

第4章
Outlookの 時短 & 脱ムダ仕事術

01 メール作業のムダをなくす ………………………… 152

02 Outlook時短の最初の一歩は画面構成を理解すること 154

03 絶対にやるべき4つの初期設定 …………………… 158

04 必要な情報は「ビュー」で確認する ……………… 162

05 マウスを使わずにメールを確認する方法 ………… 169

06 「分類」を活用すれば、大量のメールを楽々処理できる 172

07 必要なメールを秒で見つける方法 ………………… 178

08 「仕分け」を徹底するとメールは最初から片付く …… 182

09 メール作成前に必ずやるべきOutlookの環境設定と確認 …… 186

10 送受信を自由自在に操る ………………………………………… 191

11 失敗しないメールアドレス指定 ………………………………… 194

12 送信後の「しまった!」を取り消す方法 ……………………… 197

13 「フラグ」と「タスク」で返信漏れを未然に防ぐ ………… 200

14 メール本文を「テンプレ化」する …………………………… 204

15 「署名」の賢い使い方 …………………………………………… 207

第5章
作業効率を高める 究極の便利テクニック

01 集中力を高める環境づくり …………………………………… 212

02 数秒で昨日の作業を再開する ………………………………… 218

03 マウスを調整してムダをなくして使いやすくする ……… 222

04 見やすさと使いやすさの追求 ………………………………… 226

05 Webブラウザーの便利機能 …………………………………… 230

索引 ………………………………………………………………… 235

column

アプリケーションキーによる時短 ················ 19
タスクバーアイコンの一歩踏み込んだ最適化 ················ 23
「クリップボード履歴」にピン留めして、コピーした内容を恒久的に活用する ················ 38
アプリを操作する様子を録画する ················ 41
スムーズかつスマートな日本語入力は必須 ················ 57
連語やフレーズを2文字で変換するユーザー辞書 ················ 73
良いアイデアを失わないためにスマホで音声入力する ················ 74
Officeのその他の余計な機能 ················ 84
Microsoft PowerToysのインストール ················ 87
画面共有時の拡大・縮小 ················ 101
オートコンプリートではなく「自動入力候補機能」を活用する ················ 105
削除するのが怖い場合 ················ 109
Ctrl + End で右下端のセルに移動できない……を修正する ················ 113
「値のコピー」と「数式のコピー」の違い ················ 121
もう1つの自動調整 ················ 122
表全体を一気に整えることができるショートカットキーの組み合わせ ················ 127
行や列の幅を「センチメートル」で指定したい！ ················ 127
Excelで利用するフォント（書体）の選択 ················ 136
「閲覧ウィンドウ」の配置を工夫する ················ 157
新しいビューを作成する ················ 168
既存のメールにも仕分けルールを適用する ················ 177
仕分けルールを削除する ················ 185
受信メールをテキスト形式に変換する方法 ················ 190
仕分けルールをファイルに保存しておく ················ 199
モダンスタンバイ対応の確認 ················ 220
PCをシャットダウンすることのデメリット ················ 221
ロックとサインインの時短 ················ 229

■本書について

本書に掲載されている内容は、2023年2月現在のものです。本書で紹介しているWindowsやOfficeアプリ（Word、Excel、PowerPoint、Outlook等）の各機能は、バージョンアップ等によって変更・削除されることがあります。異なるバージョンでは機能や操作方法、設定方法が本書に掲載されている内容とは異なる場合があります。

また、Officeにおいて Alt キーを起点とするショートカットキーは、リボンコマンドの表示領域に影響を受けるため、PCの解像度などによっては操作が異なることがあります。

■免責事項について

本書の出版にあたっては正確な記述に努めましたが、本書の内容に基づく運用結果について、著者、SBクリエイティブ株式会社は一切の責任を負いません。あらかじめご了承ください。

●付録の利用方法

特別付録　「厳選ショートカットキー＆環境設定」について

　本書の巻頭に特別付録として「厳選ショートカットキー＆環境設定」の切り取りシートを用意しております。このシートには本書に掲載している厳選テクニックの中でも特に「全員に必ず身に付けてほしいもの」を記載しています。ぜひ本書から切り取り、デスクに置くなどしてご利用ください。

　なお、こちらのシートは、以下のURLからPDFファイルとしてダウンロードすることもできます。目的に合わせてご利用ください。

http://isbn2.sbcr.jp/10975/

特別付録　「デスクトップ壁紙」について

　付録に収録しているショートカットキーの一覧を、デスクトップ壁紙として提供しています。上記のURLからダウンロードしてご利用ください。デスクトップ壁紙のサイズ（pixel）は以下の5種類です。

- 1280×800
- 1366×768（FWXGA）
- 1920×1080（フルHD）
- 2560×1440（WQHD）
- 3840×2160（4K）

　デスクトップ壁紙のデータはZIP形式で圧縮されておりますので、展開してご利用ください。

第1章

最も大切なのは
「Windowsの操作」

Windowsはとても優れたOSなので、特別な練習をしなくても多くの人が難なく利用できます。そのため、「わざわざWindowsの使い方を学習する必要ある？」と思われるかもしれません。しかし、**Windowsの操作こそ、一度しっかりと身に付けるべきなのです。**

なぜなら、Windowsには「あまり知られていないが、とても便利な機能」がたくさん用意されており、新しい機能も追加されているので**「昔と違うもっと便利な使い方がある」**ことも見逃せないからです。

本章で解説するムダをなくすテクニックの数々は、日々の作業効率に大きく影響するものばかりです。

すべて習得すれば、作業効率の向上と時短を実現できます。

01 マウスから手を離すことからはじまる「脱ムダ」

02 ショートカットキーの「規則性」を把握する

03 目的のアプリを1秒で起動する方法

04 ウィンドウを自在に操り、作業効率を高める

05 アプリやウィンドウは閉じずに「開きっぱなし」にする

06 「コピペ」を極める

07 スクリーンショットの便利な撮り方

08 ファイルを一瞬で開く

09 効果が大きいOffice共通の時短テクニック

01
Avoid Waste

マウスから手を離すことから
はじまる「脱ムダ」

マウスから手を離して、可能な限りキーボードだけで操作するようにしましょう。それだけで多くのムダをなくして、確実で素早い操作を実現できます。

マウス操作に潜む大きな罠

みなさんは普段、パソコン（以下、PC）作業の多くでマウスを利用していると思います。例えば次のような操作です。

- ・ドラッグ＆ドロップでファイルをコピーする
- ・Excelのセルをマウスで選択する
- ・リボンコマンドをクリックしてOfficeを操作する

みなさんのPCに搭載されているWindowsはとても優れたOSなので、マウスを使えばさまざまな操作を簡単に行うことができます。しかし、実はここに大きな罠が潜んでいます。マウス操作には「誰でも簡単に使える」というメリットがある一方で、**「操作に時間がかかる」「ミスをしやすい」という大きなデメリットがあります**。このことはぜひ覚えておいてください。

マウス操作はミスが生じやすくストレスも多い

マウス操作の不確実性とストレスというムダに着目しよう。ドラッグ＆ドロップなどはミスが起こりがちで、ファイルを見失う原因にもなる。また、マウスの使いすぎは「マウス腱鞘炎」（手腕肩の痛みやしびれ）の原因になる。

みなさんの周りにいる「仕事がはやい人」はいち早くこのことに気がつき、**マウス操作をできる限り減らし、キーボードのみで操作しています**。

ここまでの解説を読んで、「私は普段マウスを使っているけど、特に時間はかかってないと思う」と感じた人も多いと思います。確かに1つひとつのマウス操作は数秒で終わると思います。しかし、1日に何時間もPCで仕事をしている人ほど、マウスを使う回数も膨大になるので、マウス操作を減らすことの効果は想像以上に大きいものになります。現時点ではまだ半信半疑だと思いますが、ぜひ本書を読み進めていただき、その効果を体感してください。

一度マウスから離れることに成功すれば、**仕事を素早く終えられるだけでなく、ストレスを減らすこともでき、さらには人生そのものに余裕を生むことさえできます。**

■ キーボード操作（ショートカットキー）のメリット

昨今のWindowsやOfficeなどでは操作項目のアイコン化がより進んだため、マウス操作では「目的のコマンドに該当するアイコンを探す」（操作の瞬間にアイコンを目視して確認する）という手間が生じます。

マウスポインターを移動して→ターゲットにポインターを合わせて→右クリックして→メニューから対象操作のコマンドにポインターを合わせて→クリックする……などは、慣れてしまっているので気づきませんが、実はムダが多く、ミスしやすい操作なのです。

このムダを解消して操作を確実にできるのが、キーボードのキーのみで操作を終えることができる「ショートカットキー」です。

ショートカットキーであれば、一瞬で素早く・ストレスなく・確実に操作を実行できます。そして、**ショートカットキーの多くは将来のWindowsやアプリでも活用できるため、覚えた知識はこの先ずっと使えるというメリットも見逃せません。**

キーボード操作のメリット

ショートカットキー操作を基本として、補う形でマウス操作を活用するとGood

・**時短操作**　　　　　：作業を素早く終えることができる
・**確実な操作**　　　　：操作を確実にミスなく実行できる
・**ストレスのない操作**：迷わず目的の操作を実現できる
・**恒久的に使える操作**：覚えた操作は将来のWindowsやアプリでも活用可能

02
Shortcut Key

ショートカットキーの「規則性」を把握する

ショートカットキーの基本や規則性、入力方法などを覚えましょう。ショートカットキーをすでに利用している方も本節を確認することをお勧めします。

ショートカットキーに必要な「修飾キー」を理解する

Ctrl　Shift　Alt は「修飾キー」といい、他のキーと組み合わせて機能するキーです。

基本操作では Ctrl + C の「コピー」のように **[修飾キー] + [任意のキー]** の組み合わせになりますが、応用操作になると Ctrl + Shift + N の「新しいフォルダーを作成」のように2つ以上の修飾キーを押すショートカットキーも存在します。

キーボードレイアウトでもわかる通り、**修飾キーは左手の指で押すのが基本です。**

また、🔲 （ウィンドウズキー）も修飾キーの一種になりますが、他の修飾キーとは異なり「Windowsそのものを操作できる」ことが特徴で、ムダなし仕事術を達成するためのキモになります。

修飾キーの名称と役割

・ Ctrl　Alt　Shift **は修飾キー**：他のキーと組み合わせて機能するキー
・ 🔲 **も修飾キーの一種**：Windows の機能を呼び出すことができる

ショートカットキーの規則性① 「頭文字」

　一般的なショートカットキーは、機能名や操作名を表す英単語の頭文字が割り当てられています。

　例えば、「新しい」は英語で「New」ですから、Ctrl＋NでWordやExcelでは新しいファイル（New File）を作成することができ、エクスプローラーでは新しいウィンドウ（New Window）を開くことができます。同様に「コピー」（Copy）はCtrl＋C、「印刷」（Print）はCtrl＋Pで実行できます。

Excelで Ctrl ＋ N を押すと、新しいファイルを作成できる

ショートカットキーには、操作名や機能名を表す英単語の「頭文字」が割り当てられていることが多い。このことを知っておけば、ショートカットキーを覚えやすくなる。

　Windowsの操作を実行できる ⊞ であれば、機能名や操作名の頭文字と組み合わせることで、以下のような操作を素早く実行可能です。

- ・Windowsの「検索」(Search)　⊞＋S
- ・Windowsの「デスクトップ」(Desktop) の表示　⊞＋D
- ・Windowsの「通知」(Notification) の確認 (Windows 11)　⊞＋N

ショートカットキーの規則性② 「例外」

　コピー＆ペーストの「コピー」は「Copy」なのでCtrl＋Cであることはわかりましたが、「ペースト」（貼り付け）の英単語は「Paste」ですが、実際に割り当てられているショートカットキーはCtrl＋Vです。

　先に頭文字が割り当てられることが多いと解説しましたが、いきなり違うのはどうしてなのでしょうか？

　答えは、**「コピー」操作を軸にして操作する際に、素早く操作を終えるために、あえてキーの並びにしたがって割り当てられているからです**（次ページの図参照）。

操作の利便性を考えて「C」を軸に「近い位置」に他のショートカットキーが割り当てられている

・ [Ctrl] + [X] キー：切り取り（[C] の隣）
・ [Ctrl] + [V] キー：貼り付け（[C] の隣）
・ [Ctrl] + [Z] キー：元に戻す（コピペの並び）

> **memo** この他の例外として、機能名や操作名を表す英単語の頭文字が、より優先される別のものにすでに割り当てられている場合は、英単語の2文字目以降が割り当てられていることもあります。例えば、Wordやワードパッドにおいて「文字を中央揃え（Centering）」に割り当てられているショートカットキーは[Ctrl]+[E]です。これは「Centering」の頭文字である「C」がすでに、コピー（Copy）のショートカットキーに割り当てられているため、2文字目の「E」が割り当てられているのです。

ショートカットキーの入力方法と組み合わせ

ショートカットキーの入力方法は、大きく分けると2種類が存在します。

1つめは「**[修飾キー]＋[任意のキー]**」と「＋」でつないで表記されるもので、**[修飾キー] を押したまま [任意のキー] を入力します**。コピーの[Ctrl]＋[C]であれば、[Ctrl]を押したまま[C]を押します。ショートカットキーは「同時押し」と表現されることもありますが、実際は [修飾キー] を押してから [任意のキー] を押します。

2つめは「**[修飾キー]→[任意のキー]**」と「→」でつないで表記されるもので、**[修飾キー] を押して指を離した後に、[任意のキー] を押します**。OfficeでBackstageビューを表示する[Alt]→[F]であれば、[Alt]を押した後、[Alt]から指を離してから[F]を押します。

ちなみに、単にショートカットキーを押すだけではなく、続けてキーを入力する組み合わせ（連続ワザ）を利用すると、作業効率を劇的にアップできます。例えば、[⊞]＋[X]でクイックアクセスメニューを表示し、そのまま[U]→[S]と組み合わせることで「スリープ」を素早く実行できます。

▼ショートカットキーの入力方法

表記方法	実行内容
「α」＋「β」キー	αキーを押しながらβキーを入力する
「α」→「β」キー	αキーを押した後αキーを離して、βキーを入力する。「α」＋「β」キーとは異なり、2つのキーを同時に入力しない

`column`

アプリケーションキーによる時短

　🗒（アプリケーションキー）は、マウスの右クリックと同等の操作をワンキーで実現できるため、選択アイテムに対して素早い操作が可能です。

アプリケーションキー

　Windows 11では右クリックメニューの仕様が変更され、対象を右クリックすると「簡略化されたショートカットメニュー」が表示されます。一方、🗒では「すべての項目が表示されるショートカットメニュー」を表示できるのもポイントです。

右クリックで表示される簡略化されたショートカットメニュー

🗒で表示されるショートカットメニュー

Windows 11では右クリックすると「簡略化されたメニュー」が表示されるため、実行したい項目が存在せず困ることがある。🗒（アプリケーションキー）あるいは Shift ＋ F10 を押すと「すべての項目が表示されるショートカットメニュー」が表示される。

　なお、🗒が存在しないキーボードでは Shift ＋ F10 で代用できます。本書では🗒が存在しないキーボードでもキーの再マップで🗒を実現するカスタマイズを解説しています（p.85参照）。

目的のアプリを 1秒で起動する方法

アプリを「たった1文字」で起動する方法を紹介します。この方法を知っておけば、あらゆるアプリを1秒で起動できるようになります。

アプリ起動時のムダをなくす

みなさんは普段、アプリをどのように起動しているでしょうか？ ［スタート］メニューから、タスクバーから……さまざまな方法がありますが、**もし必要なアプリを起動する際に「マウスに触れる」「目的のアプリのアイコンを一覧から探す」といった行為をしているのであれば時間のムダです。**

ここで解説する操作を覚えてしまえば、マウスに手を触れることなく、アプリを一瞬で起動することができます。

アプリを1秒で起動する ［⊞⊞］→［頭文字］

アプリは ［⊞⊞］→［アプリの頭文字］→ Enter で起動できます。

例えば「Word」を素早く起動したければ、Wordの頭文字である W を組み合わせて、［⊞⊞］→ W と入力します。下図のように「最も一致する検索結果」に「Word」が表示されたら、そのまま Enter で起動することができます。

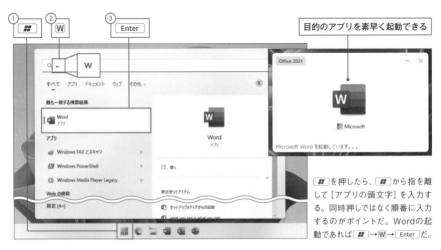

目的のアプリを素早く起動できる

［⊞⊞］を押したら、［⊞⊞］から指を離して［アプリの頭文字］を入力する。同時押しではなく順番に入力するのがポイントだ。Wordの起動であれば ［⊞⊞］→ W → Enter だ。

アプリの頭文字がバッティングする場合の対処方法

[⊞]→[アプリの頭文字]における「最も一致する検索結果」には、利用頻度が高いアプリが表示されます。そのため、例えば[⊞]→O（オー）では「Outlook」や「OneNote」が「最も一致する検索結果」に表示され、どちらのアプリが上位に表示されるかは環境によって異なります。

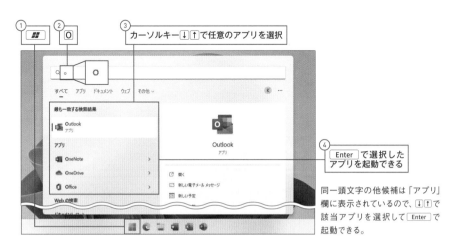

ちなみに、[⊞]→[アプリ名の先頭2文字以上]の形式で入力すると検索対象のアプリを絞り込むことができます。例えば、「Outlook」であればOU、「OneNote」であればONと入力することで目的のアプリを素早く起動できます。

インクリメンタルサーチによる検索精度の高め方

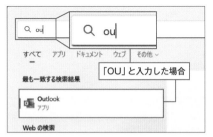

Windowsの検索機能は文字を入力するたびに検索結果をリアルタイムに絞り込んでいく「インクリメンタルサーチ」であるため、1文字入力するごとに検索精度を高めることができる。大概のアプリは2文字入力すれば「最も一致する検索結果」に表示できる。

日本語名のアプリを起動するテクニック

「Word」「Excel」「Outlook」といったアプリ名がアルファベットのものは、その頭文字で起動できることがわかりました。ではアプリ名が日本語の場合はどうすればよいでしょうか。

実は、**Windowsの検索機能は優れているため「アプリの英語表記名」や「アプリのローマ字読み」にもある程度対応しています。**

例えば「電卓」の英語表記名は「Calculator」なので $\boxed{\boxplus}$ →$\boxed{C}$$\boxed{A}$$\boxed{L}$ で起動でき、ローマ字読みは「DENTAKU」なので $\boxed{\boxplus}$ →$\boxed{D}$$\boxed{E}$$\boxed{N}$ で起動することもできます。

同様に「天気」は「Weather」「TENKI」なので、$\boxed{\boxplus}$ →$\boxed{W}$$\boxed{E}$ や $\boxed{\boxplus}$ →$\boxed{T}$$\boxed{E}$$\boxed{N}$ で起動できます。

アプリの英語表記名やローマ字読みの先頭から、2〜3文字程度入力すればOKです。

日本語名のアプリでも英語表記名やローマ字読みを活用して、「電卓」（Calculator・DENTAKU）であれば、$\boxed{\boxplus}$ →$\boxed{C}$$\boxed{A}$$\boxed{L}$ や $\boxed{\boxplus}$ →$\boxed{D}$$\boxed{E}$$\boxed{N}$ で起動できる。なお、環境によって同様の英語表記名やローマ字読みのアプリが存在する場合は、利用頻度にしたがって優先順位が変更される仕様だ。

アプリを1秒で起動する（タスクバー） $\boxed{\boxplus}$ ＋[数字]

利用頻度が高いアプリや、素早く切り替えたいアプリは、タスクバーにピン留めして管理します。

タスクバーにアプリをピン留めするには、アプリを起動した状態で対象タスクバーアイコンを右クリックして、ジャンプリストから「タスクバーにピン留めする」を選択します。**タスクバーにピン留めしたアプリは左側から順番に $\boxed{\boxplus}$ ＋[数字]のショートカットキーが割り当てられる**ため、簡単に素早く、そして直感的にショートカットキーで起動できるのが特徴です。

また、タスクバーにピン留めしたアプリはドラッグ＆ドロップで並べ替えることができます。左手だけで $\boxed{\boxplus}$ ＋[数字]を押せるのは、指の長さを考えても$\boxed{4}$〜$\boxed{5}$付近

までなので、利用頻度が高いアプリをなるべくタスクバーの左に配置するのがコツです。

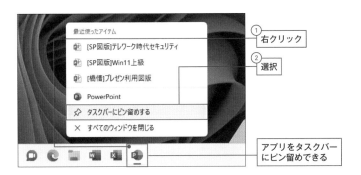

① 右クリック

② 選択

アプリをタスクバーにピン留めできる

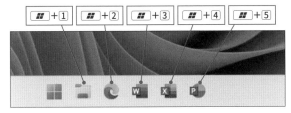

ショートカットキーは左側から ① ② という形で割り当てられる。配置がショートカットキーに影響するため、利用頻度が高いアプリを左側に配置するのが賢い。

column

タスクバーアイコンの一歩踏み込んだ最適化

　自分が利用するであろうアプリをタスクバーに全部並べて配置すれば時短になるように思えますが、ピン留めする数が多いと「視覚的にアプリ選択に迷う」(つまりアプリ起動に時間を要するようになる) ためお勧めできません。

　起動・切り替え (第1章05節参照)・ジャンプリストなどのタスクバーアイコンならではの活用を考慮したうえで、必要最小限のアプリだけをピン留めするのがよいでしょう。

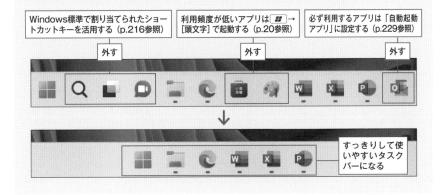

Windows標準で割り当てられたショートカットキーを活用する (p.216参照)

利用頻度が低いアプリは ⊞ →[頭文字]で起動する (p.20参照)

必ず利用するアプリは「自動起動アプリ」に設定する (p.229参照)

外す

すっきりして使いやすいタスクバーになる

04

Freely Windows

ウィンドウを自在に操り、
作業効率を高める

ビジネスの現場では資料を参照しつつ、編集を行うなどの場面があります。この
とき、ウィンドウを自由自在に操り、サクッと整列できれば快適に作業できます。

ウィンドウをきれいに配置する（Windows 11）　⊞ + Z

　デスクトップに散在したウィンドウを整列したい場合は、アクティブウィンド
ウで⊞+Zを入力して**スナップレイアウト**（レイアウト候補）を表示します。こ
の際、マウスでレイアウト候補をクリックせずに、ショートカットキー（数字
キー）で［レイアウト候補］→［レイアウト位置］と選択して、キーボードのみで
配置を完了するのが時短ワザです。

　ショートカットキー全般にいえることですが、**特に連続ワザはリズミカルに入力
して、指に覚えさせると時短になります。**

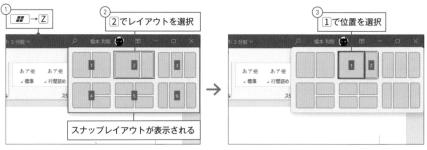

アクティブウィンドウで⊞+Zを入力。スナップのレイアウト候補が
数字と共に表示されるので該当の数字キーを入力（ここでは2→1）。

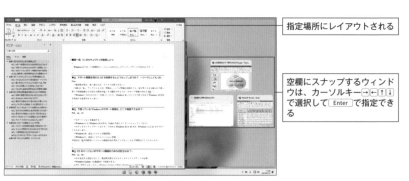

指定場所にレイアウトされる

空欄にスナップするウィンド
ウは、カーソルキー→←↑↓
で選択してEnterで指定でき
る

スナップレイアウトのバリエーション

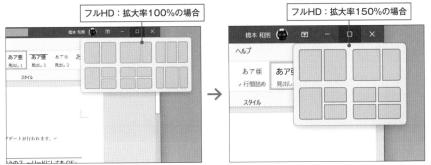

スナップレイアウトのバリエーションはデスクトップの「解像度」や「拡大率」によって異なる。上図はフルHD（1920×1080）における拡大率150%と100%の違い（デスクトップの拡大率の変更方法はp.226参照）。

全画面表示にして作業に集中する ⊞ + ↑

作業に集中したい場合は、**アクティブウィンドウで ⊞ + ↑ を入力して、ウィンドウを全画面表示にします。**

ウィンドウを全画面表示にするにはタイトルバーをマウスでダブルクリックする方法などもありますが、現在のOfficeはタイトルバーにMicrosoft SearchやMicrosoftアカウントも表示されるため、マウスで操作する隙間があまりありません。そのため、ショートカットキーによる操作のほうが素早く確実です。

ちなみにこの ⊞ + ↑ には裏ワザがあります。全画面表示にしたうえで、さらにもう一度 ⊞ + ↑ を入力することで上半面にスナップすることができます（Windows 11のみ）。マルチディスプレイで縦画面を活用している場面などでは重宝します。

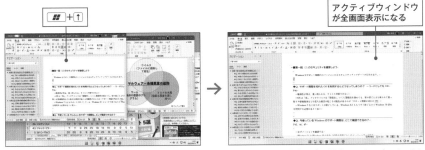

ウィンドウをデスクトップ上で全画面表示にしたい場合は ⊞ + ↑ を入力。解像度が高い場合はスナップレイアウトやウィンドウスナップ（ウィンドウを整列する機能。次項参照）を活用するのもテクニックだが、モバイルPCなどでは全画面表示にしたほうが作業に集中できる。

「スナップ」で画面を2分割してウィンドウを並べる　⊞ ＋ ←

　スナップレイアウトは柔軟にウィンドウをレイアウトできるのでとても便利ですが、操作ステップが多いという難点があります。

　サクッと左半面にスナップしたい場合は、**アクティブウィンドウで ⊞ ＋ ← を入力します**。左半面にスナップすると、右半面にスナップするウィンドウ候補がサムネイルで表示されるので、カーソルキー → ← ↑ ↓ で任意に選択して Enter を押します。これで「デスクトップに2つのウィンドウを並べる」という操作を実現できます。

　ちなみにこの2つに並んだウィンドウの境界線をドラッグすれば、2つのウィンドウサイズの比率を変更することも可能です。

　また、ウィンドウが2つ並んでいる状態からの応用操作になりますが、ウィンドウをスナップした直後に ⊞ ＋ ↑ を入力すれば右下に表示するウィンドウ候補を表示＆選択できるため、「左半面＋右上4分の1＋右下4分の1」というレイアウトを実現できます。

書類の参照に適したウィンドウ整理の例

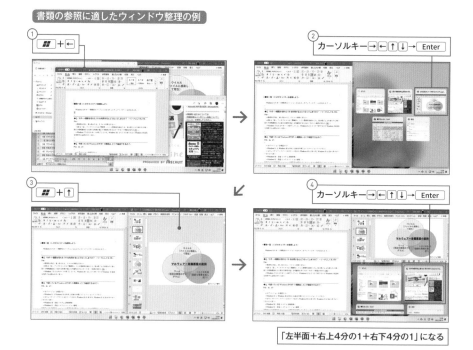

ウィンドウをカーソルキーで自由自在に操る ［Alt］＋スペース

ウィンドウを移動するには［Alt］＋スペース→［M］を入力したうえで、カーソルキー［→］［←］［↑］［↓］を入力してウィンドウを移動します。位置が決まったら［Enter］で確定します。

また、ウィンドウサイズを変更するには［Alt］＋スペース→［S］を入力したうえで、カーソルキー［→］［←］［↑］［↓］を入力してサイズを変更します。サイズが決まったら、［Enter］で確定します。

この方法であれば、ウィンドウの四隅をマウスでつかまずにウィンドウの移動やサイズ変更ができるため、大幅なストレス軽減と環境によっては時短が実現できます。

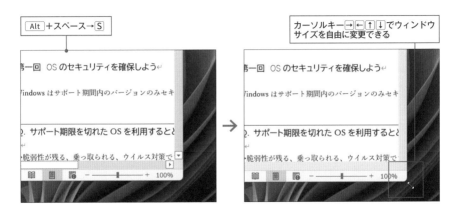

memo 筆者は、タッチパッド環境では［Alt］＋スペース→［S］→［→］→［↓］を活用しています。このショートカットキーを入力した後は、ウィンドウの四隅をドラッグせずにタッチパッドでサイズ変更ができるからです。

不要なタブやウィンドウを閉じる ［Alt］＋［F4］／［Ctrl］＋［W］

不要なタブやウィンドウを閉じるとき、多くの人はタブやウィンドウの右上にある「×」ボタンをクリックして閉じていると思います。しかし、この方法では仕事中に何度もキーボードとマウスを行ったり来たりしないといけないため、とても非効率です。

サクッとアプリを閉じたい場合は、［Alt］＋［F4］が最適です。

また、エクスプローラーやMicrosoft Edge／Google Chromeなどの**タブは**Ctrl＋Wで**閉じることができます**。この操作では、アプリ上で複数のタブを展開しているときは「現在操作しているタブ」だけが閉じられます。アプリは終了しないのがポイントです。

　アプリやタブをショートカットキーで閉じるだけで、作業効率を大幅に改善できます。

Ctrl＋W：タブを閉じる　　Alt＋F4：アプリを閉じる

エクスプローラーやMicrosoft Edgeのタブをとじたい場合はCtrl＋W、アプリごと終了したい場合はAlt＋F4だ（エクスプローラーのタブはWindows 11のみ対応）。

対象アプリを一括で閉じる

　複数のウィンドウで展開しているアプリを一括で閉じたい場合は、■＋Alt＋[数字]→↑→Enterを入力します。

　複数展開してデスクトップにごちゃごちゃ点在するフォルダー（エクスプローラー）やWebブラウザーを一括で閉じたい際に、役立つショートカットキーです。

デスクトップにフォルダーが複数展開している状態で、すべてのフォルダーを一括で閉じたい場合、エクスプローラーのタスクバーアイコンの位置（上図では2番目）を確認して、■＋Alt＋[数字]でジャンプリスト（タスクバーアイコンを右クリックすると表示されるメニュー）を表示し、↑で「すべてのウィンドウを閉じる」を選択して、Enterを入力する。すると、すべてのフォルダーを一気に閉じることができる。

05

App Switching

アプリやウィンドウは閉じずに「開きっぱなし」にする

アプリやフォルダーは閉じずに、複数展開して作業を行うとムダがなくなります。ごちゃごちゃしたウィンドウは「切り替え」で解決します。

アプリやフォルダーを閉じてはいけない

アプリやフォルダーは閉じずに「開きっぱなし」にすれば時短になります。

「あの資料をもう一度見たい」などの場面で、再びデータを探してアプリで開き直したり、Web検索サイトでキーワードを再入力してWebページを探し直したりすることがあると思います。これからは「今日作業で使う可能性があるウィンドウは一切閉じない」ことを心がけて、開き直すというムダな手間をなくしましょう。

もちろん、開きっぱなしにするとデスクトップにウィンドウが散在することになり、作業に必要なウィンドウが見つけづらくなってしまいます。そんなときに活用したいのが、ここで解説する各種切り替えテクニックです。

タスクビューでウィンドウを切り替える ［■■］＋［Tab］

［■■］＋［Tab］でタスクビューを表示すれば、**ウィンドウを一覧で表示できます**。また、カーソルキー→←↓↑で対象ウィンドウを選択して、［Enter］でアクティブウィンドウを切り替えることができます。

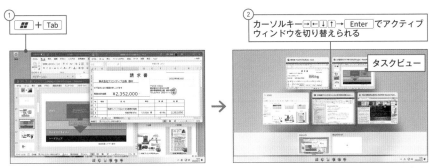

［■■］＋［Tab］→カーソルキー（ウィンドウを選択）→［Enter］でアクティブウィンドウを切り替えることができる。デスクトップ上でのウィンドウの重なりによって対象アプリに切り替えづらい＆見つけられないなどの場合に有効だ。

また、タスクビューから任意のウィンドウをカーソルキー→←↑↓で選択して、🖻（アプリケーションキー）を押し、ショートカットメニューから任意のスナップを選択すれば、画面を2分割してウィンドウを並べることもできます（p.26参照）。

タスクビューの応用操作

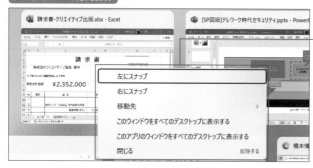

🖻でショートカットメニューを表示できる

タスクビューで対象のウィンドウを選択した状態で🖻を押すと、ウィンドウスナップやウィンドウを閉じるなどの応用操作を実行できる。

┃ Windowsフリップでウィンドウを切り替える 　 Alt ＋ Tab

アクティブウィンドウを切り替える方法は、先に解説したタスクビューの他に「Windowsフリップ」があります。

Windowsフリップによる切り替えでは、Alt を押しながら Tab を連打して、目的のウィンドウが選択されたら Alt を離します。やや難しい方法になりますが、この手順ではタスクビューと比較して「カーソルキーで選択して Enter 」という手順を省くことができるため、**開いているアプリやフォルダーの数が少ない場合はタスクビューよりも素早く切り替えることができます。**

① Alt を押しながら Tab を2回押す　② Alt を離すと、ここではExcelに切り替えられる

Windowsフリップ

Alt を押しながら（ Alt を離さず） Tab を連打してウィンドウを選択。目的のウィンドウを選択したら手を離す。昔からあるショートカットキーであり、環境によってはタスクビューよりも素早く目的のウィンドウをアクティブにできる。

▼Windowsフリップのショートカットキー

ショートカットキー	実行内容
Alt を押しながら Tab を連打	Windowsフリップ
Alt + Shift を押しながら Tab を連打	Windowsフリップ（逆回転）
Ctrl + Alt + Tab	Windowsフリップ（カーソルキー→←↑↓での切り替え）

目的のアプリを素早くアクティブ化する ⊞+[数字]

　WordとExcelが起動している状態で、タスクバーアイコンの3番目がWord、4番目がExcelの場合に、Wordに切り替えるには ⊞+3、Excelに切り替えるには ⊞+4を入力します。

　タスクバーに配置したアプリのアイコンの順序さえ覚えてしまえば、**直感的に目的のアプリに切り替えられるため非常に便利です**。

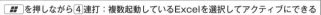
⊞を押しながら4連打：複数起動しているExcelを選択してアクティブにできる

⊞+3：Wordをアクティブにできる　　⊞+5：PowerPointをアクティブにできる

賢くアプリを切り替える ⊞+T

　⊞+[数字]を入力すれば該当アプリにすぐに切り替えることができますが、タスクバーアイコンの順序が把握しにくい場合は ⊞+Tが便利です。

　⊞+Tではタスクバーの1番目のアイコンが選択され、以後カーソルキー→←で対象アプリを切り替えて Enter でアクティブにできます。

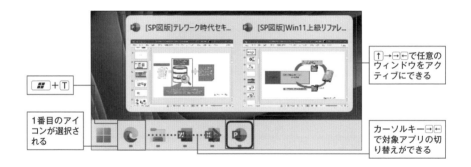

`■`+`T`

1番目のアイコンが選択される

`↑`→`→`→`←`で任意のウィンドウをアクティブにできる

カーソルキー`→`←`で対象アプリの切り替えができる

ウィンドウを最小化する　`■`+`↓`

アクティブウィンドウを「最小化」したい場合は`■`+`↓`を入力します。対象アプリを閉じずに、最小化してタスクバーアイコンに収める形になります。

現在表示する必要のないウィンドウ（後で必要になるウィンドウ）を最小化しておくことで、デスクトップ表示をすっきりできます。

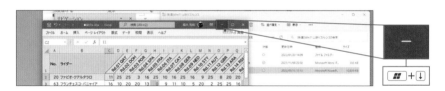

`■`+`↓`

余計なウィンドウを一掃する　`■`+`Home`

アクティブウィンドウのみを残して、他のウィンドウをすべて最小化したい場合は、`■`+`Home`を入力します。再度`■`+`Home`を入力することで、最小化したウィンドウを復元できるのもポイントです。

`■`+`Home`

アクティブウィンドウだけが表示される

`■`+`Home`でウィンドウを復元できる

現在操作中のアプリ以外のウィンドウを一括で最小化したい……そんな場合は`■`+`Home`だ。

06 「コピペ」を極める

Copy and Paste

コピー＆ペーストの基本から応用までを知っておけば、作業にムダな労力を費やすことがなくなり、将来にわたって作業を効率化できます。

コピペを極めれば人生が変わる

コピー＆ペースト（通称コピペ）の手順やテクニックを見直すことで大幅な時短を実現できます。コピーした内容を貼り付けるには下表の方法があります。**これらの違いの把握と随所での使い分けがキモになります。**

▼貼り付け（ペースト）のショートカットキー

ショートカットキー	実行内容
Ctrl + V	コピーした内容を貼り付ける
Ctrl + Alt + V	形式を選択して貼り付ける
Ctrl + Shift + V	書式のみを貼り付ける
⊞ + V	コピーした履歴を選択して貼り付ける

貼り付けのバリエーションを極めることによって、日々同じ作業を繰り返さなければならないというムダを減らして効率化できます。また、操作のストレスがなくなり、正確な作業ができるなど数々のメリットを享受できます。

コピー＆ペーストをもう一度復習 Ctrl + C ／ Ctrl + V

普段何気なく使っている、Ctrl + Cでコピーして、Ctrl + Vで貼り付けをするコピペですが、コピーできる内容は、単純な文字列（プレーンテキスト）だけではありません。**画像・Webページの情報・Wordで装飾済みの文章・Excelで整えた表・PowerPointで作成した図なども扱えます。**

また、同一アプリ内のコピペだけではなく、**異なるアプリ間でもコピーした内容を貼り付けることができるのもポイントです。**

これらの事実を知っておけば、作業スタイルを変更してムダを省くことが可能です。例えば、Wordでも「表」を作成することはできますが、Excelの操作に慣れているのであれば、Excelで「表」を作成してCtrl + Cでコピーして、Wordの文中でCtrl + Vして貼り付けたほうが効率的です。

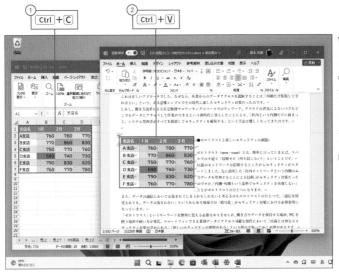

① Ctrl + C ② Ctrl + V

使い慣れたExcelで表を作成して Ctrl + C でコピーする。Wordの文中で Ctrl + V を入力すれば見やすい表を挿入できる。組み合わせはビジネススタイル次第だが「使い慣れたアプリで作業すること」による時短効果は絶大だ。

▼コピー・ペーストのショートカットキー

ショートカットキー	実行内容
Ctrl + C	選択アイテム（選択範囲）をコピー
Ctrl + X	選択アイテム（選択範囲）をカット

ショートカットキー	実行内容
Ctrl + V	コピーしたアイテムの貼り付け
Ctrl + Z	操作の取り消し

> **memo** コピー（ Ctrl + C ）＆ペースト（ Ctrl + V ）ではコピー元となった文章・画像・表が残るのに対して、カット（ Ctrl + X ）＆ペースト（ Ctrl + V ）ではコピー元のデータは消去されて、ペーストした場所に移動になるのがポイントです。 Ctrl + X はWordの文章位置の調整やExcelの表・列の順序を変更したい場合などに活用できます。

┃形式を選択して貼り付ける　　Ctrl ＋ Alt ＋ V

　Webや他のアプリ上の情報を引用してコピペする際に、意外と困ってしまうのが余計な書式や画像の存在です。WebページやWordのドキュメントなどを Ctrl + C でコピーして、 Ctrl + V でペーストすると、文字に設定されている書式情報（文字色やフォントサイズなど）や表組み、画像などもいっしょに貼り付けられます。こういった「文字以外の情報」が不要な場合（文字のみをコピペしたい場合）は、**貼り付けの際に Ctrl + V ではなく、 Ctrl + Alt + V を活用します**（Word、PowerPointなど対応アプリのみ）。

　表示される「形式を選択して貼り付け」ダイアログで、「テキスト」を選択して

Enter を押せば、プレーンテキストのみを貼り付けることができます。

Ctrl + C でコピーして、Ctrl + V でペーストすると、文字に設定されている書式情報（文字色やフォントサイズなど）や画像もいっしょに貼り付けられる。

Webページの情報を任意選択して Ctrl + Alt + V で「形式を選択して貼り付け」ダイアログから「テキスト」を選択した場合。書式や画像などを省いてプレーンテキストを取得できる。ビジネスシーンによってはかなり活用できる「貼り付け」テクニックの1つだ。

上記の他にも、「形式を選択して貼り付け」ダイアログでは、コピー元の情報を画像（ビットマップや拡張メタファイル）にすることや、オブジェクトとしてアプリ内で編集可能にするなどの形式を選択することもできます。

「形式を選択して貼り付け」ダイアログの「貼り付ける形式」で選択できる項目はアプリによって異なり、貼り付けの内容は「結果」で確認できる（左図はコピー元がExcel）。一般的に「テキスト」以外の有用性はあまりない。

任意の形式を選択

貼り付ける形式の「結果」を確認できる

メモ帳の活用

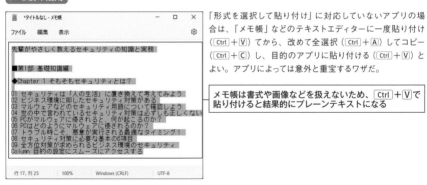

「形式を選択して貼り付け」に対応していないアプリの場合は、「メモ帳」などのテキストエディターに一度貼り付け（Ctrl + V）てから、改めて全選択（Ctrl + A）してコピー（Ctrl + C）し、目的のアプリに貼り付ける（Ctrl + V）とよい。アプリによっては意外と重宝するワザだ。

メモ帳は書式や画像などを扱えないため、Ctrl + Vで貼り付けると結果的にプレーンテキストになる

書式のみをコピー&ペーストする　Ctrl + Shift + C ／ Ctrl + Shift + V

　WordやPowerPointでフォント（書体）・フォントサイズ・ボールドなどを含んだ書式付きテキストにおいて、テキストではなく書式のみをコピーしたい場合は、コピーしたい書式を含んだテキストを選択してCtrl + Shift + Cを入力し、続いて書式を適用したい範囲を選択してCtrl + Shift + Vを入力します。

　企画書などの提出書類の作成においては、統一感のある文書を作成したいものです。そのような際に**この方法を用いればスタイルなどを作成しなくても同じ書式を簡単に適用することができます**。

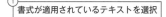

① 書式が適用されているテキストを選択

② Ctrl + Shift + C

ってくれるので手放しでよく、また運用上問題が起こってもサポートしてもらえるのです。↵
↵
しかし、私たちのような小さな会社(中小企業や個人企業)は違います。↵
↵
本来の自分の担当業務進行はそのまま、ネットワークの構築・管理・運用・トラブルシュートなどを並行
して作業しなければならないという方も多いでしょう。↵

③ 書式を適用したい範囲を選択 ↓

④ Ctrl + Shift + V

ってくれるので手放しでよく、また運用上問題が起こってもサポートしてもらえるのです。↵
↵
しかし、私たちのような小さな会社(中小企業や個人企業)は違います。↵
↵
本来の自分の担当業務進行はそのまま、ネットワークの構築・管理・運用・トラブルシュートなどを並行
して作業しなければならないという方も多いでしょう。↵

コピーした書式が適用される ↓

ってくれるので手放しでよく、また運用上問題が起こってもサポートしてもらえるのです。↵
↵
しかし、私たちのような小さな会社(中小企業や個人企業)は違います。↵
↵
本来の自分の担当業務進行はそのまま、ネットワークの構築・管理・運用・トラブルシュートなどを並
行して作業しなければならないという方も多いでしょう。↵

コピーの履歴を選択して貼り付ける ⊞ + V

　コピーの履歴を選択して貼り付けることができるのが「**クリップボード履歴**」です。クリップボード履歴を使用すると、以前コピーした内容を一覧から選択できるため、前回や前々回に Ctrl + C した内容を貼り付けることができます。

　クリップボード履歴を使用するには、あらかじめ設定で有効にしておく必要があります。⊞ + I で「設定」を表示してから「システム」→「クリップボード」を選択して、「クリップボードの履歴」をオンにします。

クリップボード履歴を利用するための事前設定

オンにする

「クリップボード履歴」を有効にするには、「設定」→「システム」→「クリップボード」と選択して、「クリップボードの履歴」をオンにする。

設定後は特に意識する必要はなく、コピーする内容を一覧から選択したい場合は、[⊞]+[Ｖ]で「クリップボード履歴」を表示して、履歴から任意の内容をカーソルキー[↑][↓]で選択して[Enter]を入力します。

クリップボード履歴は**仕事で繰り返し使うテキスト・書式付き文字列・画像のような、同じ内容を何度もコピペしなければならない状況で重宝します。**

クリップボード履歴の使い方

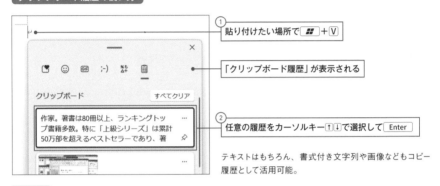

① 貼り付けたい場所で[⊞]+[Ｖ]

「クリップボード履歴」が表示される

② 任意の履歴をカーソルキー[↑][↓]で選択して[Enter]

テキストはもちろん、書式付き文字列や画像などもコピー履歴として活用可能。

---

column

「クリップボード履歴」にピン留めして、コピーした内容を恒久的に活用する

「クリップボード履歴」は、以前コピーしたアイテム（コピー履歴）を一覧から選択して貼り付けることができるため便利です。しかし、PCをシャットダウン・再起動するとコピー履歴は消えてしまいます。

毎日のように利用する文字列・テンプレート・画像などが存在する場合、PCを起動するごとに再び必要なアイテムをコピー（[Ctrl]+[Ｃ]）するのは面倒です。そんな場合に活用したいのがクリップボード履歴の「ピン留め」です。

「クリップボード履歴」の任意のコピー履歴にある「ピン留め」（アイテムの固定）をクリックすれば、対象のコピー履歴は以後恒久的に[⊞]+[Ｖ]から貼り付けることができるようになります。

「ピン留め」を活用すれば、コピペにおいていちいちコピー元を探すなどのムダを省くことができるのです。

ピン留めして恒久的にアイテムを活用

クリック

アイテムの固定

「ピン留め」（アイテムの固定）を行えば、クリップボード履歴をクリアした後や、Windowsの再起動後でもコピーの履歴を保持できる。仕事でよく利用するアイテムは、「ピン留め」しておくとよい。

07
ScreenShot

スクリーンショットの便利な撮り方

できる人はスクショの撮り方を使い分けています。そこで、ここではビジネスで利用できる便利なスクショテクニックを紹介します。

デスクトップ全体を一発で画像ファイルにする ⊞ + [Print Screen]

現在のデスクトップ全体をキャプチャしたうえで、さらに連番の画像ファイルとして保存したい場合は、⊞ + [Print Screen] を入力します。

すると、現在のデスクトップの状態が「ピクチャ」→「スクリーンショット」フォルダーに画像ファイルとして直接保存されます。

また、この操作は画像をクリップボードにも保存するため、そのまま画像編集ソフトやOfficeなどに [Ctrl] + [V] で貼り付けることもできます。

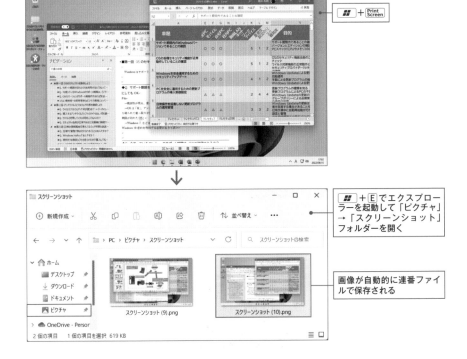

⊞ + [Print Screen]

⊞ + [E] でエクスプローラーを起動して「ピクチャ」→「スクリーンショット」フォルダーを開く

画像が自動的に連番ファイルで保存される

画面の一部分のみを切り取る ⊞ + Shift + S

　デスクトップ上の一部分のみを切り取って画像にしたい場合は、⊞ + Shift + S **を入力します**。ショートカットキーを入力すると「Snipping Tool」(切り取り＆スケッチ)が起動して、マウスカーソルが矩形選択になるので、任意の領域をドラッグします。すると、画像がクリップボードに転送されます。

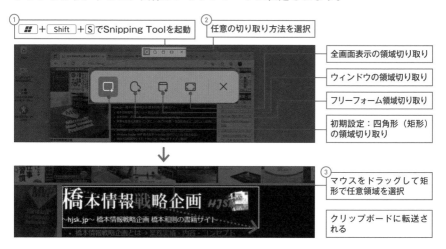

① ⊞ + Shift + SでSnipping Toolを起動

② 任意の切り取り方法を選択

全画面表示の領域切り取り

ウィンドウの領域切り取り

フリーフォーム領域切り取り

初期設定：四角形（矩形）の領域切り取り

③ マウスをドラッグして矩形で任意領域を選択

クリップボードに転送される

　また、デスクトップの右下にトースト通知として表示される切り取った画像をクリックすれば、画像の加工や編集、ファイル保存が可能です。Ctrl + Vでアプリに切り取った画像を貼り付けることもできます。

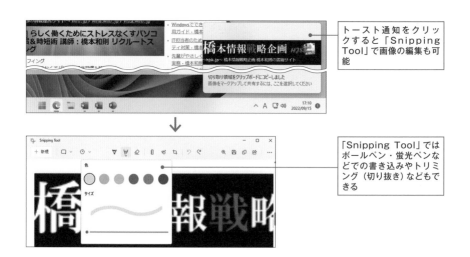

トースト通知をクリックすると「Snipping Tool」で画像の編集も可能

「Snipping Tool」ではボールペン・蛍光ペンなどでの書き込みやトリミング（切り抜き）などもできる

スクリーンショットをボタン1つで取得する方法

「Snipping Tool」（切り取り＆スケッチ）を多用する場合、[⊞]+[Shift]+[S]を入力するのはなかなか面倒です。

スクリーンショットを頻繁に利用する人は、ボタン1つでスクリーンショットを取得できるように、Windowsの設定を変更しましょう。

[⊞]+[I]で「設定」を表示してから「アクセシビリティ」（Windows 10では「簡単操作」）→「キーボード」を選択して、「プリントスクリーンボタンを使用して〜」をオンにします。

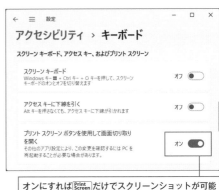

オンにすれば[Print Screen]だけでスクリーンショットが可能

以後、[Print Screen]を押すだけでSnipping Toolを起動できます。

アプリを操作する様子を録画する

WindowsではWordやExcelを操作している様子を簡単に録画して、動画ファイルにすることができます（要ハードウェア対応）。この機能は、具体的なアプリ操作を人に伝えたい（指導したい）場合などに便利です。

手順としては録画したいアプリをアクティブにして[⊞]+[Alt]+[R]で録画できます。録画バーが表示されたらアプリの操作を開始します。録画の終了は同じく[⊞]+[Alt]+[R]を入力します。動画ファイルはMP4ファイルとして「ビデオ」→「キャプチャ」フォルダーに保存されます。

なお、前述の通りハードウェアの対応（ビデオカードやデバイスドライバーのサポート）が必要で、非対応環境や非対応アプリでは録画バーは表示されず、録画することはできません。

08 ファイルを一瞬で開く

File Explorer

作業を進めていくうえでファイルの操作は欠かせないものです。エクスプローラーを上手に利用できるようになるとムダがなくなります。

賢い人のファイル操作は「ショートカットキー」

Windowsは仕様上、ファイルのドラッグ＆ドロップにおいて「同一ドライブ間は移動」「異なるドライブへの移動はコピー」という仕様になっています。**この仕様では、コピーしたつもりが意図せず「移動」になってしまうこともあり、大切なファイルを失いかねません**。マウス操作はドロップミスも起こりやすく、安全性に欠けるファイル操作といえます。

一方、**ショートカットキーであればフォルダーやファイルへのアクセスがスムーズにできるという時短の差だけではなく、コピーなどもキー操作であるため確実にできます。**

マウス操作におけるムダやミスの可能性を考えれば、ファイル操作もショートカットキーを積極的に活用すべきなのです。

エクスプローラーを起動する ⊞ ＋ E

ファイル操作に便利なエクスプローラーは ⊞ ＋ E で起動することができます。既定では、「クイックアクセス」や「最近使用した項目」などが表示されます（起動時に表示する場所のカスタマイズはp.47参照）。

⊞ ＋ E でエクスプローラーを起動

「クイックアクセス」で素早く作業フォルダーにアクセスできる

「最新使用した項目」で最近開いたデータにアクセスできる

　ちなみに、クイックアクセスには任意のフォルダーを登録することが可能です。フォルダーを右クリックして、ショートカットメニューから「クイックアクセスにピン留めする」で登録すれば、エクスプローラーの左ペイン（ナビゲーションウィンドウ）から該当フォルダーに素早くアクセスできます。よく利用する作業フォルダーなどを登録しておくとよいでしょう。

対象フォルダーを右クリックして、ショートカットメニューから「クイックアクセスにピン留めする」で「クイックアクセス」に登録できる。よく使う作業フォルダーやネットワークフォルダーはここに登録しておくのも手だ。

> **memo** Windows 11のエクスプローラーは「タブ表示」に対応しており、新しいタブを Ctrl + T で追加でき、タブを Ctrl + W で閉じることもできます。

▍アプリの使用履歴に素早くアクセスする　　■■ + Alt + [数字]

　該当アプリで使用したファイルの履歴に素早くアクセスするには ■■ + Alt + [数字] を入力します。

　例えば、タスクバーアイコンの3番目にWordがピン留めされている場合は、 ■■ + Alt + 3 を入力するとWordで過去に開いたファイル履歴にアクセスできます。

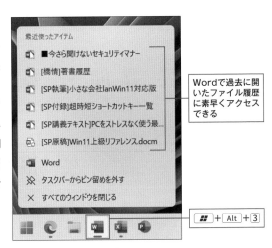

Wordで過去に開いたファイル履歴に素早くアクセスできる

■■ + Alt + 3

フォルダーを移動する Alt ＋ ↑ ／ Alt ＋ ← ／ Alt ＋ →

エクスプローラーの表示場所を移動する際に便利なのが「戻る」「進む」「1階層上
に移動」などのショートカットキーです。各操作にはショートカットキーが割り
当てられているので、覚えておくとフォルダーの移動を自在に行えます。その結
果、クリックの必要がなくなるため操作のムダがなくなります。

ファイルをコピー・移動する Ctrl ＋ C ／ Ctrl ＋ X ／ Ctrl ＋ V

確実にファイルをコピーしたい場合は、ファイルを選択したうえで Ctrl ＋ C 、
コピー先のフォルダーで Ctrl ＋ V で貼り付けます。

また、ファイルを移動したい場合は、ファイルを選択したうえで Ctrl ＋ X 、移
動先のフォルダーで Ctrl ＋ V で貼り付けます。

▼ファイルの選択・コピー・移動のショートカットキー

ショートカットキー	実行内容
Shift ＋→←↑↓	範囲選択
Ctrl ＋A	全選択
Ctrl ＋クリック	選択／解除

ショートカットキー	実行内容
Ctrl ＋C	コピー
Ctrl ＋X	カット（切り取り）
Ctrl ＋V	貼り付け

ファイルを開かずに内容を確認する　Alt ＋P

　エクスプローラーには、ファイルをアプリで開くことなく、その内容を確認できる「プレビュー機能」が用意されています。エクスプローラーで Alt ＋P を入力してプレビューウィンドウを表示したのち、カーソルキー→←↑↓で任意のファイルを選択するだけデータの内容を確認できます（対応アプリのみ）。

　Excelでは任意のシート、PowerPointでは任意のスライドをプレビューウィンドウに表示することもできます。

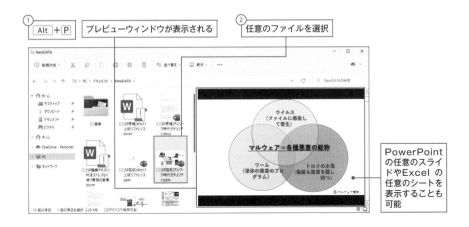

エクスプローラーの表示レイアウトを最適化する　Ctrl ＋ Shift ＋[数字]

　エクスプローラーの見やすさは作業効率に直結します。レイアウト表示を素早く切り替えたい場合は Ctrl ＋ Shift ＋[数字]を入力します。具体的には Ctrl ＋ Shift ＋1～8で「特大アイコン／大アイコン／中アイコン／小アイコン／一覧／詳細／並べて表示／コンテンツ」という形で切り替えることが可能です。

　各種表示ではサムネイルや更新日時の有無などに違いがあるため、この切り替えを上手に活用することはファイルの確認においてムダがなくなります。

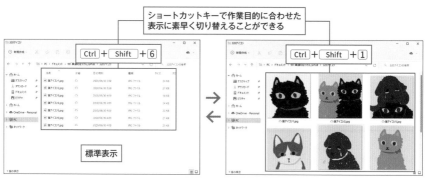

ショートカットキーで作業目的に合わせた
表示に素早く切り替えることができる

`Ctrl` + `Shift` + `6`

`Ctrl` + `Shift` + `1`

標準表示

ファイルのタイムスタンプやサイズを確認したい場合は `Ctrl` + `Shift` + `6`、大きいサムネイルで表示したい場合は
`Ctrl` + `Shift` + `1` など、要所で表示をサクッと切り替える。たかが表示切り替えだが、時短効果は絶大だ。なお、
エクスプローラーの表示切り替えは、`Ctrl` +マウスホイール回転でも変更できる。

同じフォルダーをもう1つ開く `Ctrl` + `N`

　フォルダーからファイルを移動した
い場面などで、同階層でフォルダーを
もう1つ開きたいときがあります。そ
んなときに活用できるのが `Ctrl` + `N` で
す。同じ階層のエクスプローラーをも
う1つ開くことができます。

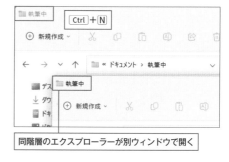

同階層のエクスプローラーが別ウィンドウで開く

ファイル名を確実に変更する `F2`

　ファイル名やフォルダー名は、対象
のファイルやフォルダーをマウスで
右クリックして、ショートカットメ
ニューから「名前の変更」を選択する
ことでも変更できますが、この方法は
ムダが多いためお勧めできません。

　ファイル名やフォルダー名を変更す
る際は、対象のファイルやフォルダー
を選択した状態で `F2` を入力します。
そうすれば、素早く、確実に名前を変更できます。

① ファイルを選択して `F2`

② ファイル名を変更する

大切なファイルを誤って削除しないための設定

ファイルやフォルダーは、Delete や Ctrl + D を入力することで簡単に削除できますが、大切なファイルを誤って削除しては大変です。ビジネスでは重要なファイルも多いため、**削除操作のミスを未然に防ぐことができる設定を適用しておきましょう。**

ファイルやフォルダーを誤って削除しないようにするには、「ごみ箱」を右クリックして、ショートカットメニューから「プロパティ」を選択します。「ごみ箱のプロパティ」ダイアログで「削除の確認メッセージを表示する」をチェックすれば、以後、削除時に確認ダイアログが表示されるようになり、重要なファイルの削除を未然に防ぐことができます。

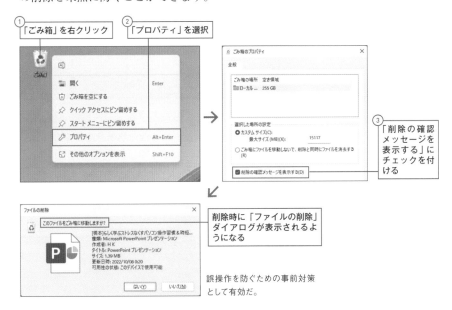

① 「ごみ箱」を右クリック ② 「プロパティ」を選択

③ 「削除の確認メッセージを表示する」にチェックを付ける

削除時に「ファイルの削除」ダイアログが表示されるようになる

誤操作を防ぐための事前対策として有効だ。

エクスプローラーを最適化する

エクスプローラーは起動時に、標準では「ドキュメント」や「ピクチャ」などに素早くアクセスできる「ホーム」(Windowsのバージョンによっては「クイックアクセス」)を表示しますが、「PC」(ドライブ表示) や「OneDrive」を最初に表示したほうが効率的というケースもあります。

エクスプローラーの起動時に表示される場所を変更したい場合は、「…」をクリックして「オプション」を選択します。「全般」タブの「エクスプローラーで開

く」のドロップダウンから任意の場所を選択します（選択できる項目はWindowsのバージョンや環境によって異なります）。

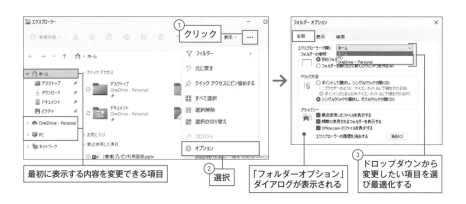

他にも、「表示」タブではエクスプローラーで表示する項目を選択できます。ビジネスでは偽装ファイルが送られてくることがあるので、「登録されている拡張子は表示しない」のチェックを外し、常に拡張子を表示するように設定しておくことをお勧めします。**拡張子を表示しておけば、ファイルの末尾でファイルの種類を確認することができます。**

フォルダーの内容を更新する [F5]

ファイルサーバーなど、ファイルが更新されるフォルダーにアクセスして作業をしている際、現在のフォルダーに表示されている内容が最新の内容ではない（ファイルが追加されている・削除されている・名前が変更されている）可能性があります。

このような場合は、[F5]を押せばフォルダーの内容を最新の状態に更新できます。

09 Time-Saving 効果が大きい Office共通の時短テクニック

Officeこそショートカットキーで操作すべき代表的なアプリです。ここで
は、Office共通のテクニックを解説します。

Officeの共通ショートカットキーを覚えてムダをなくす

普段みなさんが利用しているOffice製品（Word・Excel・PowerPoint・Outlook
など）には共通のショートカットキーが用意されています。アプリごとにショー
トカットキーを覚えるのは大変ですが、ここで紹介するショートカットキーは一
度覚えてしまえばOffice製品全般で活用できるため、まさに「**一生役立つ時短術**」
といってよいでしょう。

日常的にOfficeを利用している人は、ぜひ習得してください。

「名前を付けて保存」を活用する　 F12

Word・Excel・PowerPointでファイルを保存する際には、「ファイル」タブか
ら「名前を付けて保存」という手順が一般的ですが、Officeのバージョンによっ
て表示される内容や操作の詳細が異なり、わかりにくく遠回りな操作でもあるた
め（Office 2021とMicrosoft 365でも操作が違う）、手間をかけることなくOfficeの
ファイルを保存したい場合は F12 の活用をお勧めします。

WordやExcelの保存は F12 で
直接ダイアログを呼び出してし
まったほうが手早い

「名前を付けて保存」ダイアログ上
では各オプションが指定しやすく、
エクスプローラー同様のショート
カットキーを使えるのもポイント
だ。

[F12]による「名前を付けて保存」であれば、エクスプローラーと同様の操作＆機能であるためシンプルでわかりやすく、エクスプローラーの「クイックアクセス」やショートカットキーも利用できるため、第1章08節で解説したテクニックも併せて活用できます。

▼「名前を付けて保存」ダイアログで利用できるショートカットキー

ショートカットキー	実行内容	ショートカットキー	実行内容
[F2]	名前の変更	[Alt]＋[←]	戻る
[Delete]	選択アイテムの削除	[Alt]＋[→]	進む
[Ctrl]＋[Shift]＋[N]	新規フォルダーの作成	[Alt]＋[↑]	上位フォルダーの表示

リボンコマンドは[Alt]で実行できる

Officeにおいて「リボンコマンドを探してクリックする」のは時間のムダです。**リボンコマンドこそ、ショートカットキーによる操作が最適です。**

リボンコマンドには[Alt]でアクセスできます。例えば、「ホーム」タブにある「フォント」を変更したい場合は、[Alt]を押した際に表示されるキー表記にしたがって、[Alt]→[H]→[F]→[F]と順番に入力します。

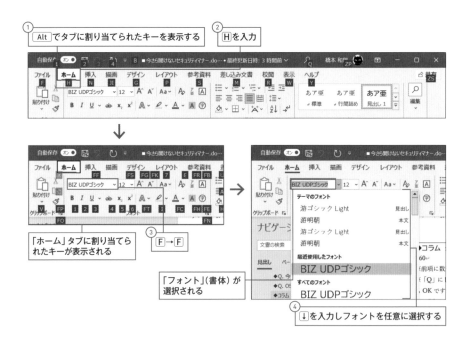

リボンの表示／折りたたみ　⌃Ctrl＋F1

　Officeのリボンはコマンド操作時に必要な反面、編集画面を広くしたい場合には邪魔なものです。

　リボンの表示／折りたたみは⌃Ctrl＋F1で簡単に切り替えることができます。

クイックアクセスツールバーに独自キーを割り当てる

　リボンコマンドにはAltからアクセスできますが、コマンドによってはキーの入力数がかなり多くなるため大変です。よく利用するリボンコマンドに一発でアクセスしたい場合は、**クイックアクセスツールバーへのコマンド登録を活用します**。

　クイックアクセスツールバーへのコマンド登録は、該当リボンコマンドを右クリックして、ショートカットメニューから「クイックアクセスツールバーに追加」を選択します。クイックアクセスツールバーにコマンドが登録されると、以後はAlt→[数字]（左側から 1 2……と割り当てられる）で簡単にリボンコマンドを実行することができます。

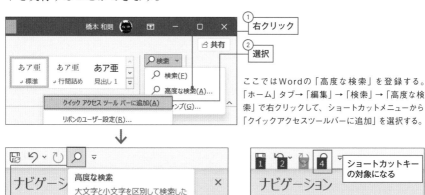

ここではWordの「高度な検索」を登録する。「ホーム」タブ→「編集」→「検索」→「高度な検索」で右クリックして、ショートカットメニューから「クイックアクセスツールバーに追加」を選択する。

この画面の場合はAlt→4で簡単に「高度な検索」を実行可能だ。なお、各種表示位置などのカスタマイズは▽をクリックして、ショートカットメニューから「その他のコマンド」を選択すればよい。

第2章

「文字入力」が
劇的に速くなる

「**文字入力は、あらゆるパソコン仕事の基本である**」といっても過言ではありません。メールを返信する際も、Excelにデータを入力する際も、Wordで資料を作成する際も、どの仕事においても必ず文字入力を行います。

そのため、**文字入力のミスを減らし、作業効率を高めることができれば、いち早く仕事を終えることができます。**

本章では、文字入力を効率よく行うための便利なテクニックをたくさん紹介しています。毎日パソコンで仕事をしている人は、ぜひ本章を読んで、これらのテクニックを習得してください。

01　文文字入力の「ムダ」をなくそう

02　日本語入力の基本をおさらい

03　文字変換のストレスをゼロにする方法

04　読み方がわからない記号を1秒で入力する

05　日本語を入力中に英語をスムーズに入力する

06　「ユーザー辞書」を強化して最強の時短を手に入れる

07　キーボードを使わずに文字を入力する

08　文字の書式を瞬時に変更、またはリセットする

09　Officeの「おせっかい機能」を撲滅する

10　「キーの再マップ」で文字入力を劇的に改善する

文字入力の「ムダ」をなくそう

ここでは文字入力のムダをなくして効率化するためのポイントを解説します。各種テクニックは次節以降で解説します。

文字入力を劇的にスムーズにする3つのポイント

文書作成における文章入力、メールでの文章入力、チャットでの文章入力、セルでの単語入力＆文章入力、Webブラウズ時の検索キーワード入力……数えるときりがないほど日本語入力の場面はあります。

誰もが必ず行う作業が文字入力なので、その操作を改善すれば時短効果は絶大です。 確実な文字入力を行えば、「修正」というムダな作業を減らすことになり、スムーズかつストレスのない文章作成が可能になります。

スムーズな文字入力を実現してムダをなくすためのポイントは、以下の3点になります。

1つめのポイントは「**基本操作を再確認し、もう一度習得すること**」です。Microsoft IME（Windowsに搭載されている日本語入力機能）は、2020年に大幅な改良が行われ、その際に機能や操作も変更されています。そのため、基本操作を再確認＆再習得する必要があります。

2つめのポイントは「**マウスを使わず、キーボードのみで日本語入力を完結させること**」です。「文字入力」はキーボードで行っている人が大半だと思いますが、「変換候補の選択」などでマウスを利用しがちです。しかし、マウスポインターを移動したり、クリックしたりする操作は手間ですし、キーボードから手を離してマウスに持ち替えるという動作は時間のムダです。できる限り、こういった手間やムダを減らすことが重要です。

3つめのポイントは「**機能を理解したうえで、新しい機能を使いこなすこと**」です。今までとは異なるショートカットキーを活用したり、自分の使い方に合わせて予測入力をカスタマイズしたりするなど、新しい使い方を工夫することで、日本語入力が劇的にスムーズになります。

上記の3つのポイントを意識したうえで、日本語入力の改善に取り組むことで、ムダなし仕事術を実現できます。一度習得してしまえば、今後は一生使えるテクニックになるので、ぜひこのタイミングで習得してください。

予測入力機能のカスタマイズ

Microsoft IMEでは標準で有効になっている「予測入力」機能は便利であるものの、処理が重く、ビジネスに適さない予測候補も表示されるため、作業環境によっては機能の無効化も視野に入れる（p.61参照）。

文字入力の手間をなくす「再変換」

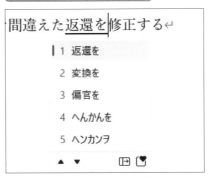

「再変換」機能を知っていれば、確定済みの文字列であっても修正可能だ。このような操作も「機能」を知っていなければ活用できない（p.75参照）。

記号も新機能で簡単に入力

絵文字ピッカーを利用すれば、記号を一覧から選んで簡単に入力できる（p.65参照）。

声で話して文字を入力する

文字入力にキーボードが必要とは限らない。音声入力を利用すればキーボードを使わずに文字を入力することも可能だ（p.74参照）。

画像をテキスト化して文字列にする

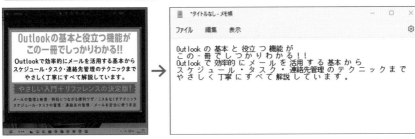

画像内の文字列も、Microsoft PowerToysの「Text Extractor」を利用すれば、OCR（光学的文字認識）によってテキスト化することができる（p.78参照）。

文字入力時は「アプリ側の操作」にも着目する

　文字入力においてはMicrosoft IMEの操作だけではなく、WordやPower Pointなどのアプリ側での文字列操作（フォント（書体）やフォントサイズの指定など）も存在するため、この2つの操作をスムーズに行う必要があります（下図はショートカットキーで実現できる文字書式の設定。第2章08節参照）。

　また、Officeはオートコレクトで文字修正（文の先頭を勝手に大文字にするなど）を行いますが、このオートコレクトを最適化することも結果的に文字入力のムダをなくしストレスを軽減できます（第2章09節参照）。

文字選択＆文字書式の設定

> PC での作業が増えれば増えるほど Windows 11 に触れる時間も増えるわけだが、Windows 11 を使いやすくすることや新しい機能を覚えて活用することは結果「ストレス軽減」につながる。↵

段落選択・フォントサイズ変更・フォント指定をすべてショートカットキーで済ます時短術

> PC での作業が増えれば増えるほど Windows 11 に触れる時間も増えるわけだが、Windows 11 を使いやすくすることや新しい機能を覚えて活用することは結果「ストレス軽減」につながる。↵

時短を実現するにはスムーズな日本語入力も重要だが、アプリ上での文字列操作も重要だ。

Officeのオートコレクトをカスタマイズして最適化

オートコレクトは文章を自動的に箇条書きにしたり、文字を序数（1st、2nd）やコピーライト（©）、罫線などに勝手に変換するが、この機能にストレスを感じたことがあるのであれば「カスタマイズ」だ。

> **memo**　「アプリ側の操作」は、アプリによって操作が異なりますが、共通の操作も多数あります。本章では、Wordを中心に多くのアプリで利用可能な汎用性の高い操作を解説します。

「変換」と「ユーザー辞書」の追求

　私たちは日ごろから日本語を扱っているために当たり前すぎて重要視していませんが、英文と異なり日本語入力では「変換」という工程が**1日に何百〜何千回も繰り返し発生しています。**

　つまり、この「変換」に関するムダを省くことができれば、この先、何千万回

と繰り返されるであろう作業を効率化でき、仕事をスムーズに進めることができます。

　また、利用頻度の高い単語を「ユーザー辞書」に登録しておけば「変換」を効率化できます。さらに、辞書登録における「よみ」を工夫することで、2文字を入力するだけで目的の単語や文章を入力できる「超時短」を実現することもできます（p.71参照）。

2文字でよく使うフレーズを入力する時短術

たった2文字入力するだけで、よく利用するフレーズを入力できる。ちなみに単純な辞書登録の活用のように感じるかもしれないが単語の登録はローマ字入力として成立しないようにする工夫が必要だ。

単語の一覧

読み	語句	品詞	登録種別
>	→	短縮よみ	ユーザー登録
@	○	短縮よみ	ユーザー登録
@	◎	短縮よみ	ユーザー登録
b @	biz@win11.jp	短縮よみ	ユーザー登録
b ˙	神奈川県第三新東京市緑区稲妻 3-21	短縮よみ	ユーザー登録
b ¥	橋本情報戦略企画	短縮よみ	ユーザー登録

ユーザー辞書においては「読み」を短く設定し、また自身がよく利用する単語などを登録して最適化を行うと、文字入力も超時短することができる。

「読み」を短くする

スムーズかつスマートな日本語入力は必須

　これまでに書籍を何十冊も執筆している筆者でさえ、数年前に日本語入力操作とユーザー辞書の見直しを図った際、多くのムダで遠回りな入力操作をしていたことに気づかされました。

　単純計算しても軽く1000万文字以上を入力してきた筆者が、自らを省みたうえで強くいいたいのが「日本語入力に関しては小さな操作まで見直して改善を図るべきある」ということです。

　日本語入力の改善による効果は、本書がテーマとする「ムダなし仕事術」だけではありません。頭で思いついたことをすぐにPC上で文字列化できる「思考を阻害しない」というメリットもあります。ビジネスにおいて相手に読みやすく伝わる企画書やメールなどを記述するためにも、スムーズかつスマートな日本語入力テクニックは習得すべきなのです。

日本語入力の基本をおさらい

Microsoft IMEはバージョンアップによって機能や操作が進化しています。一度頭をリセットして基本から覚え直すことがムダなし仕事術への近道になります。

日本語入力のオンとオフ ⌨caps lock

　日本語入力のオン／オフの切り替えは⌨半角/全角で行うのが基本でしたが、実は⌨caps lock（Caps Lock）を押すことでもオン／オフを切り替えられます。無理に⌨半角/全角まで指を伸ばさず、**タッチタイピングのホームポジションから近い⌨caps lockで日本語入力のオン／オフを済ましてしまいましょう。**

　日本語入力のオン／オフの切り替えは、1日何回も繰り返される動作であるため、⌨caps lockを使うことによる時短効果は絶大ですし、指のストレス軽減にもなります。

日本語入力の切り替えは「Caps Lock」

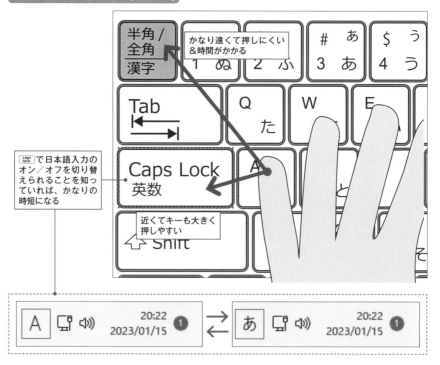

半角/全角漢字 — かなり遠くて押しにくい＆時間がかかる

⌨caps lockで日本語入力のオン／オフを切り替えられることを知っていれば、かなりの時短になる

Caps Lock 英数 — 近くてキーも大きく押しやすい Shift

Microsoft IMEのショートカットメニュー　Ctrl ＋ 変換 ／ Ctrl ＋ F10

　Microsoft IMEのショートカットメニューには、「入力インジケーター」を右ク
リックすることでアクセスできますが、素早くアクセスする方法として、日本語
入力がオンの状態で Ctrl ＋ 変換 あるいは Ctrl ＋ F10 を押すという方法がありま
す。入力方法を切り替えたい場合に便利です。また、Ctrl ＋ 変換 → S を入力する
とMicrosoft IMEの設定ダイアログに素早くアクセスできます。

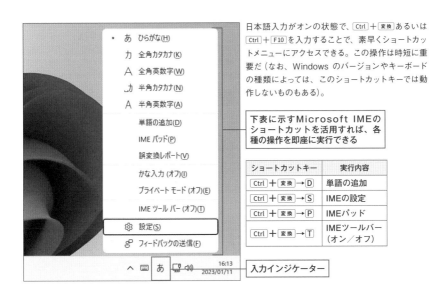

日本語入力がオンの状態で、Ctrl ＋ 変換 あるいは
Ctrl ＋ F10 を入力することで、素早くショートカッ
トメニューにアクセスできる。この操作は時短に重
要だ（なお、Windows のバージョンやキーボード
の種類によっては、このショートカットキーでは動
作しないものもある）。

下表に示すMicrosoft IMEの
ショートカットを活用すれば、各
種の操作を即座に実行できる

ショートカットキー	実行内容
Ctrl ＋ 変換 → D	単語の追加
Ctrl ＋ 変換 → S	IMEの設定
Ctrl ＋ 変換 → P	IMEパッド
Ctrl ＋ 変換 → T	IMEツールバー（オン／オフ）

入力インジケーター

Microsoft IMEの変換工程を理解する

　Microsoft IMEの変換工程においては、「予測候補」と「変換候補」の2種類が表
示されます。Microsoft IMEの初期設定では、1文字入力すると予測入力による
「予測候補」が表示され、入力を進めていくたびに予測候補が自動更新されて精度
が高まる仕様になっています（次ページの図「予測候補」参照）。

　また、ユーザーが任意にスペースキーを押して「変換」操作を行ったうえでさ
らにスペースキーを押すと、今度は「変換候補」が表示されます（次ページの図
「変換候補」参照）。変換操作は「ユーザー辞書」も参照されるのがポイントです。

　この「予測候補」と「変換候補」ではショートカットキー・機能・応用操作・
ユーザー辞書の参照の有無などが異なるため、**常にどちらの変換なのかを意識して
操作することが重要です。**

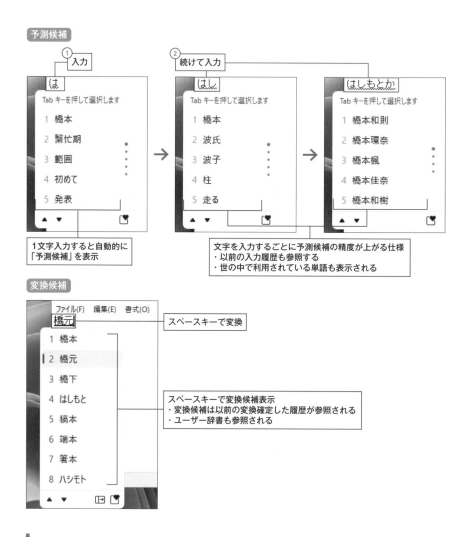

予測候補

① 入力

は
Tab キーを押して選択します
1 橋本
2 繁忙期
3 範囲
4 初めて
5 発表

1文字入力すると自動的に
「予測候補」を表示

② 続けて入力

はし
Tab キーを押して選択します
1 橋本
2 波氏
3 波子
4 柱
5 走る

はしもとか
Tab キーを押して選択します
1 橋本和則
2 橋本環奈
3 橋本楓
4 橋本佳奈
5 橋本和樹

文字を入力するごとに予測候補の精度が上がる仕様
・以前の入力履歴も参照する
・世の中で利用されている単語も表示される

変換候補

ファイル(F)　編集(E)　書式(O)

橋元
1 橋本
2 橋元
3 橋下
4 はしもと
5 楠本
6 端本
7 箸本
8 ハシモト

スペースキーで変換

スペースキーで変換候補表示
・変換候補は以前の変換確定した履歴が参照される
・ユーザー辞書も参照される

予測候補での時短　[Tab]→[数字]

Microsoft IMEで日本語入力を開始すると、予測入力による「予測候補」が自動表示されます。**予測候補では、文字を入力すればするほど「履歴」として学習が行われるため変換の精度が高まります。**

この予測候補では、カーソルキー[↓]で選択して[Enter]でも入力できますが、素早く候補選択をしたい場合は[Tab]→[数字]を入力します（次ページの図参照）。

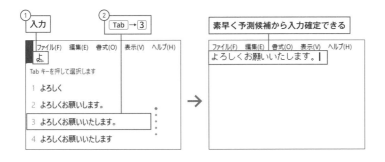

予測入力を最適化する

　予測入力は1文字目から予測候補を表示しますが、1文字入力するごとに予測候補の更新を行うためCPU処理と画面描画が発生します。これは、PC環境によってはかなり重い作業になります。また、**人は動くものに目が行く本能（習性）があるため、1文字入力するごとに予測候補が更新される動作は意外とストレスになります。**そのため、予測入力を最適化することをお勧めします。

　予測入力の最適化は、Microsoft IME設定の「全般」内にある「予測入力」のドロップダウンで行えます。予測入力において文字数を調整すると負荷を減らすことができます（「5文字」を推奨。最初の数文字では予測候補が表示されないため負荷軽減になる）。

　なお、予測入力に頼らずに日本語入力を行いたい場合は「オフ」を選択します。

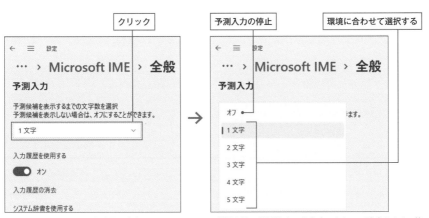

予測入力のオン／オフや文字数は自身のMicrosoft IMEの利用方法や予測入力の依存度に合わせて設定をする。筆者はオンライン講義で使うPCでは、変な予測候補の表示により受講者に不安を感じさせてしまう可能性なども踏まえて「オフ」に設定している。

03
Conversion

文字変換のストレスを
ゼロにする方法

1日に何度も繰り返される「変換」。この「変換」に関する細かい操作を見直すことで日々のストレスを大幅に軽減できます。

スペースキーを連打せずに変換候補を選択する方法

日本語入力時は、スペースキーを二度押すと「変換候補」が表示されます。その後スペースキーを連打して任意の候補を選択し、[Enter]を入力すると目的の日本語を入力できますが、これはとても非効率です。

変換候補を表示している状態で、**素早く任意候補を選択したい場合は変換候補の横に表示されている [数字] を入力します**。

シンプルなテクニックですが、キーを押す回数を減らすことができるので日本語入力の効率化につながります。

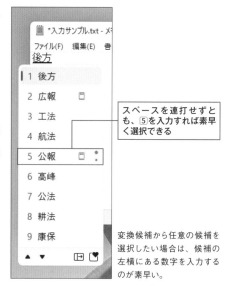

スペースを連打せずとも、5を入力すれば素早く選択できる

変換候補から任意の候補を選択したい場合は、候補の左横にある数字を入力するのが素早い。

変換候補内に目的の候補がない場合の「拡張表示」 [Tab]

日本語入力において、最初の変換候補に目的のものが表示されない（1～9に存在しない）場合に、スペースキーを連打したり、マウスホイールを使って次候補を表示したりする人を見かけますが、これは正しい操作ではありません。

変換候補が表示されている状態で[Tab]を押すことで、**変換候補を拡張表示（テーブルビュー）にすることができます**。

目的の候補を見つけたら、カーソルキー→←で候補が記載されている列を選択し、目的の単語に割り当てられた [数字] を押せば単語を素早く入力できます。

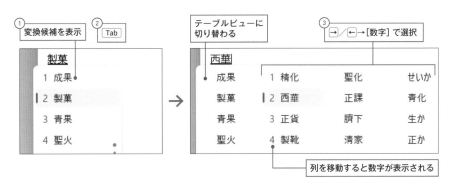

正しい文節を指定して変換精度を高める　Shift + → ／ Shift + ←

　Microsoft IMEは、日本語の文節を自動認識したうえで、変換候補を表示します。そのため、素早く目的の変換候補を得るためには、Microsoft IMEに「正しい文節」を伝える必要があります。

　正しい文節を指定したい場合は、対象の文節にカーソル移動したうえで、Shift + → ／ Shift + ←で文節区切りを変更します。

　文節区切りを変更することは、当面の変換を正しくするだけではなく、結果的に**正しい文節の区切り方をMicrosoft IMEに教えることになる**ため、今後の日本語入力の効率化にもつながります。

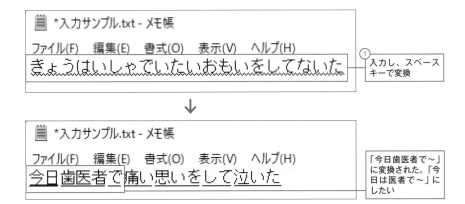

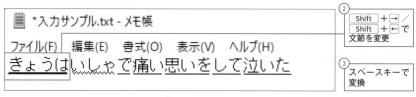

② Shift + → / Shift + ← で文節を変更

③ スペースキーで変換

↓

▼文節区切りのショートカットキー

ショートカットキー	実行内容
→ / ←	文節間を移動する
Shift + → / Shift + ←	文節の区切りを変更する
スペースキー / 変換	文節を変換する
Ctrl + Back space	文節の変換を解く（変換可能なひらがな状態にする）
Ctrl + ↓	文節単位で確定する

変換候補で同音異義語の意味を確認する

変換中に「どの漢字が正しい表記なのか」を迷うことがあります。そのような場合は、変換候補の中の辞書マークのある単語をカーソルキー ↑ ↓ で選択することで、同音異義語の意味と違いを調べることができます。

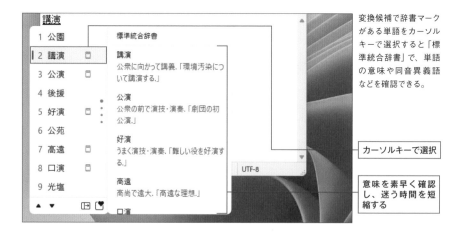

変換候補で辞書マークがある単語をカーソルキーで選択すると「標準統合辞書」で、単語の意味や同音異義語などを確認できる。

カーソルキーで選択

意味を素早く確認し、迷う時間を短縮する

04
Symbol

読み方がわからない記号を
1秒で入力する

読み方がわからない記号や入力が面倒な住所などを、遠回りせずに素早く入力してムダを省く方法を解説します。

「変換」を繰り返してしまう面倒くさい入力も改善！

ビジネス文章の要所で必要になる「記号」「住所」「カタカナ」などの入力は、スペースキーの連打による変換になりがちですが、これらの地味に利用頻度が高い入力を簡単にする方法を覚えてムダをなくしましょう。

絵文字ピッカーで記号を入力する　[⊞]+[.]

[⊞]+[.]で絵文字ピッカーを表示すれば、記号を簡単に入力できます。最初に「絵文字」の一覧が表示されますが、[記号]をクリックすれば「記号」の一覧を表示でき、任意の記号を選んで入力できます。

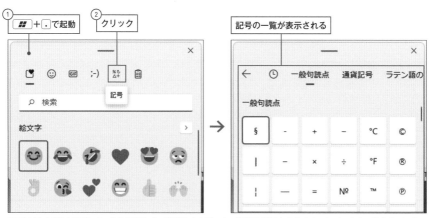

[⊞]+[.]で「絵文字ピッカー」を起動して、「記号」をクリック。任意の記号を入力することができる。絵文字ピッカーではカーソルキー[→][←][↑][↓]による選択の他にも、[Tab]による要素移動が可能だ（なお、絵文字ピッカー内の表記や詳細機能はWindowsのバージョンによって異なる）。

「きごう」で記号を入力する

　記号を入力したい場合は、「きごう」と入力して変換する方法も便利です。変換候補表示から[Tab]を押してテーブルビューにすれば、一覧から記号を選んで入力できます（p.62参照）。この方法ではMicrosoft IMEが変換履歴を学習するため、よく利用する記号を素早く入力できるようになります。

　また、記号の「よみ」がわかる場合は、それを入力して、目的の記号に変換入力してもよいでしょう（下表参照）。

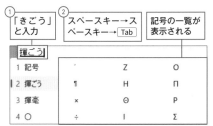

「きごう」（入力）→スペースキー→スペースキー→[Tab]
で記号を一覧から入力できる。「きごう」で変換した履歴は学習されるのもポイントだ。

単純に記号の「よみ」を入力して変換してもよい。ただし、この方法は下表のような記号の「よみ」をあらかじめ暗記しておかなければならない。

▼ 「よみ」で変換できる記号

記号	よみ
↑	うえや
→	みぎや
←	ひだりや
↓	したや
￥	えん

記号	よみ
㈱	かぶ
§	せくしょん
±	ぷらすまいなす
＝	イコール
〃	おなじ

記号	よみ
々	おなじ
〒	ゆうびん
…	さんてん
〔〕	かっこ
※	こめ

記号	よみ
●	くろまる
◎	にじゅうまる
○	まる
①	まる1
②	まる2

「ヵ」「ヶ」「ヴ」「ゐ」「ゑ」を入力する

　意外と難しいのが「ヵ」「ヶ」「ヴ」「ゐ」「ゑ」の単入力です。「数ヵ月」「新百合ヶ丘」などカタカナの「カ」「ケ」を小さくしたもの、あるいは「ぁ」「ぃ」「ぅ」「ぇ」「ぉ」などは、通常のローマ字入力の前に「l」を入力するようにします。

　また、「ヴァイオレット」の「ウに濁点」は「vu」、「ゐ」「ゑ」は通常のローマ字入力の前に「wy」を付けて入力します。

　これらは常用はしないものの、固有名詞を入力する際に必要になることもあるので覚えておくとよいでしょう。

▼各文字の入力方法

| あ | la | カ | lka | ケ | lke | ヴ | vu | ゐ | wyi | ゑ | wye |

Ctrl を使ったカタカナ・ひらがなへの変換

入力した日本語を「ひらがな」や「カタカナ」に変換したい場合、ファンクションキーを利用するのが一般的です。例えば、ひらがな変換は F6 、カタカナ変換は F7 などという方法です。しかし、この方法では指をタッチタイピングのホームポジションから離す必要があるため、あまり効率的な変換方法とはいえません（別の問題もあります。下記のmemo参照）。

この問題の解決方法として、Ctrl を組み合わせた文字変換があります。ひらがな変換は Ctrl + U 、カタカナ変換は Ctrl + I などで実行でき（下図参照）、キー入力のムダを排除することができます。

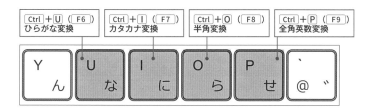

| Ctrl + U （ F6 ） | Ctrl + I （ F7 ） | Ctrl + O （ F8 ） | Ctrl + P （ F9 ） |
| ひらがな変換 | カタカナ変換 | 半角変換 | 全角英数変換 |

memo ファンクションキーの大きさや位置はキーボードによって異なります。また Fn を組み合わせて押さなければならないPCもあるので、カタカナ・ひらがな変換はショートカットキーで済ますことをお勧めします。

郵便番号を使って住所を入力する

住所を簡単に入力したければ、郵便番号を「[3ケタ]-[4ケタ]」という形で入力して変換します。すると一発で正しい住所を入力できるので便利です。

① 郵便番号を入力して変換

```
056-0005
```
Tab キーを押して選択します
1 "056-0005"

② 選択　正確な住所を一発で入力できる

北海道日高郡新ひだか町静内こうせい町
1 056-0005
2 北海道日高郡新ひだか町静内こうせい町

05
Mixed Input

日本語を入力中に
英語をスムーズに入力する

現在のビジネスにおいて、英単語を一切使わない文章は存在しないといっても過言ではありません。ここでは、スムーズな和欧混在文章の入力方法を解説します。

┃ Shift を使って英語を入力する

日本語の文章には英語が混ざることが多くありますが、この際いちいち入力モードを確定して、半角/全角 で日本語入力をオフにし、英単語や英文を入力した後に再び 半角/全角 で日本語入力をオンにするのは面倒ですし、時間のムダです。

このような**和欧混在（日本語と英語が混在）の文章を入力する場合は、入力中に** Shift **を活用します。**例えば「新しいWebサイト」と入力するのであれば、「あたらしい」と入力した後、 Shift ＋ W を入力します。すると、半角大文字の「W」が入力されるのでそのまま「eb」と入力した後、 Shift を押して日本語入力に戻り「さいと」と入力します。

コツをつかむのは少し難しいのですが、基本的に半角英数字を入力した際は、次に Shift を押すまでひらがな入力は行われないため、「新しいWorld Wide Webを作る」のような半角スペースが含まれている和欧混在の文章もこの方法で入力可能です。

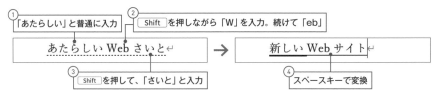

┃ 半角英数変換と変換操作　 Ctrl ＋ T

日本語の入力時にアルファベットや数字を半角英数に変換したい場合は Ctrl ＋ T を利用します。ちなみにこの Ctrl ＋ T で、変換部位を「小文字」「大文字」「先頭大文字」という形で入力ごとに変換することが可能です。

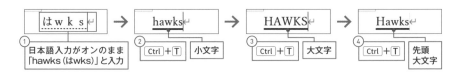

半角スペースと全角スペースを使い分ける

　意外と難しいのが文中に任意のスペースを入力する方法です。なぜなら、入力中に「スペースキー」を押すと変換操作になってしまうからです。しかし、だからといって変換を確定してからスペースを挿入する位置までカーソル移動して日本語入力をオフにして半角スペースを入力……というのは、決して効率的な操作ではありません。

　日本語を入力中（変換確定前）に全角スペースを入力したい場合は Ctrl + Shift + スペースキーを押します。また、半角スペースを入力したい場合は Ctrl + スペースキーを押します。

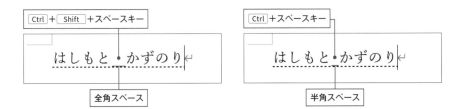

Ctrl + Shift + スペースキー
はしもと・かずのり
全角スペース

Ctrl + スペースキー
はしもと・かずのり
半角スペース

英単語を正しく入力する方法

　英単語のスペルを正しく入力したい場合は、日本語入力をオンにしたまま「カタカナ読み」で単語を入力します。

　「アポイントメント」「アドミニストレータ」「アチーブメント」「インストラクション」「インフラストラクチャ」……ビジネス系やIT系の英語のほとんどはカタカナ読みを変換することで、正しいスペルを入力できます。

```
インフラ
1 インフラ
2 infrastructure
3 ｉｎｆｒａｓｔｒｕｃｔｕｒｅ
4 ＩＮＦＲＡＳＴＲＵＣＴＵＲＥ
5 Ｉｎｆｒａｓｔｒｕｃｔｕｒｅ
6 Infrastructure
```

スペルが難しい英単語を入力する際は、素直に「カタカナ読み入力」を活用するのも手だ。なお、ビジネスでよく使われる用語については略記にも対応している。例えば「アポ」と入力するだけで「Appointment」（アポイントメント）を入力できる。こういったテクニックを覚えておくと英単語を入力する手間を大幅に削減できる。

06
Dictionary

「ユーザー辞書」を強化して
最強の時短を手に入れる

辞書登録を強化することで、異次元の時短を実現できます。固有名詞の
ような「変換できない単語」はすぐにユーザー辞書に登録しましょう。

「単語の登録」による辞書の強化　Ctrl ＋ 変換 → D

　ビジネスでよく利用する固有名詞や業界用語が変換候補に出てこない場合は、
Microsoft IMEの「ユーザー辞書」に登録することで、素早く間違いのない入力が
可能になります。

　任意の単語をユーザー辞書に登録するための「単語の登録」ダイアログは、日
本語入力がオンの状態でCtrl＋変換→Dを入力すると開くことができます。ま
たは、通知領域の「入力インジケーター」を右クリックして、ショートカットメ
ニューから「単語の追加」を選択することでも開くことができます。

　「単語の登録」ダイアログでは、「単語」欄に変換後の文字列、「よみ」欄にひら
がな文字列（日本語入力オンの状態で入力可能な全角文字）を入力します。

　「品詞」の選択は基本的な単語であれば「名詞」で構いませんが、単語が「動詞」
である場合のみ「その他」から該当する「5段動詞」を選択します。

　「登録」をクリックすれば、ユーザー辞書への登録は完了です。

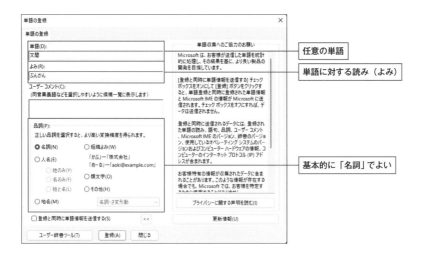

筆者は「LANケーブルのコネクターをカシメる」のような形で「カシメ（5段動詞・ら行）」という動詞を使うので登録した。ユーザー辞書は後で編集することもできるため、積極的に登録することが作業効率の改善につながる。

「記号」を登録して辞書を強化する

　ユーザー辞書の応用テクニックとして、**単語に「記号」を登録する**、というものがあります。このテクニックを使うと、効率的に記号を入力することができます。

　「←」（記号）は「＜」（よみ）、「①」（記号）は「m1」（よみ）など、なるべく記号を類推しやすく、かつキー入力しやすいことを考慮して「単語」と「よみ」を登録します。「よみ」は重複登録が可能なので、**同種の単語に同じ「よみ」を登録する**と、覚える数を減らせるという効率化も実現できます。

▼記号の登録例

単語	よみ
←	＜
→	＞
①	m1

単語	よみ
○	@
◎	@
↑	|

単語	よみ
↓	|
◆	¥
■	¥

2文字で目的の単語を入力する超時短テクニック

　頻繁に使う単語は2文字で登録することで超時短を実現できます。

　例えば会社名・名前・住所・メールアドレスなどは、「よみ」のルールとして

- ・「¥」＝名前・会社名
- ・「＾」＝住所
- ・「@」＝メールアドレス

などと定義してしまうとわかりやすく登録できます。

　筆者はさらに、ビジネスは「b」、プライベートは「p」として、先に定義した文字と組み合わせて、2文字で会社名・名前・住所・メールアドレスを入力できるようにユーザー辞書に単語を登録しています。

よく使う単語の登録例

単語の登録

単語の登録

単語(D):
橋本情報戦略企画

よみ(R):
b ¥

ユーザー コメント(C):
(同音異義語などを選択しやすいように候補一覧に表示します)

品詞(P):

「よみ」は日本語入力オンのときに入力できる文字である必要があるため、英字や記号であっても「全角」にする

▼単語とよみの登録例

よみ（全角）	単語	内容
b ¥	橋本情報戦略企画	会社名
b ^	神奈川県第三新東京市緑区稲妻 3-21	会社住所
b @	biz@win11.jp	ビジネスメール
p ¥	橋本和則	名前（本名）
p ^	神奈川県第三新東京市本木 2-4-5 Dスクエアビル 201	自宅住所
p @	hashimoto@outlook1.jp	プライベートメール
s ¥	はみみん	セカンドネーム
s @	hash321@gmail1.com	セカンドメール

2文字を入力して変換

p ^ ↵

→

一瞬で正確な文字を入力できる

神奈川県第三新東京市本木 2-4-5 D スクエアビル 201↵

「p ^」（全角）と入力するだけで、住所を一発変換して入力できる。この「2文字」での変換は「英字」（全角）＋「記号」（全角）が最短の手順なので、名前・住所・メールアドレスに割り当てる「記号」を自分なりに定義することが重要になる。

ユーザー辞書を別のPCでも使う

　数々の単語を登録して、**鍛え上げたユーザー辞書は大切な資産です。**

　ユーザー辞書を別のPCでも活用したい場合は、「単語の登録」ダイアログで「ユーザー辞書ツール」をクリックし、「Microsoft IMEユーザー辞書ツール」ダイアログのメニューバーから「ツール」→「一覧の出力」を選択して、ユーザー辞書の内容をテキストファイルに書き出します。

① クリック　② 選択

Microsoft IME ユーザー辞書ツール ×

ファイル(F)　編集(E)　ツール(T)　ヘルプ(H)

辞書 C:¥Users¥kz11　　　　　　　　　UserDict¥imjp15cu.dic

フィルター(F)

一覧の出力(P)

システム辞書の作成(C)

単語の一覧

Microsoft IME 辞書からの登録(I)

読み　　　テキスト ファイルからの登録(T)

<　　　　テキスト ファイルで削除(D)

>

登録種別　　ユーザー コメント

ユーザー登録
ユーザー登録
ユーザー登録

メニューバーから「ツール」→「一覧の出力」を選択。任意のファイル名でユーザー辞書をテキストファイルとしてエクスポートする。

テキスト化したユーザー辞書を活用する

　エクスポートしたユーザー辞書を別のPCで活用するには、「Microsoft IMEユーザー辞書ツール」ダイアログのメニューバーから「ツール」→「テキストファイルからの登録」を選択して読み込みます。

　エクスポートしたユーザー辞書は自身のPCだけではなく、社内で活用するのも作業の効率化になります。

ユーザー辞書の記述ルール

> よみ　[Tab]　単語　[Tab]　品詞

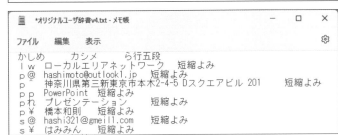

エクスポートしたユーザー辞書はタブ区切りのテキストファイルなので、いつでも編集が可能だ。Excelに貼り付けてシート上で編集してもよい。

column

連語やフレーズを2文字で変換するユーザー辞書

　連語やフレーズを2文字で変換できるようにすると文字入力のムダを大幅に削減できますが、少しコツが必要で「よみ」が「ローマ字として成立しない」ように工夫する必要があります。

　具体的な例を挙げてみましょう。筆者は「ローカルエリアネットワーク」という単語をよく利用しますが「ろーかるえりあねっとわーく」と入力するのは、頻出するがゆえにかなり面倒です。よって「短縮よみ」を割り当てているのですが、この際注意しなければならないのは「Local Area Network」だからといって、「ｌａ」や「ｌｎ」を登録してはいけないということです。なぜなら「ｌａ」は入力した時点で「ぁ」になってしまうため誤変換の原因になりかねません。また「ｌｎ」は末尾のnが「ン」と認識されてしまい単語として変換できません。よって、ローマ字として成立しない「ｌｗ」を割り当てています。

　長い単語をたった2文字だけで入力変換できるのは軽快です。ちなみに、筆者はこの他にも「PowerPoint」は「ｐｐ」、「スマートフォン・タブレット」は「ｓｔ」、「Windows」は「ｗｓ」など、よく使う単語をユーザー辞書にたくさん登録しています。

キーボードを使わずに
文字を入力する

Windowsにはキーボードを使わずに文字を入力できる機能が多数備わっています。場面に応じて「音声入力」や「手書き入力」を活用しましょう。

音声入力する（Windows 11）　⊞ + H

　Windowsで音声入力を行いたい場合は、⊞ + Hで音声入力ツールを起動します。後はマイクに向かって話すだけで、そのまま入力することができます。実際に驚くレベルの認識率で話した言葉を入力できるので、キーボードでの入力が面倒くさい場合にかなり使えるツールです。

　ちなみに、音声入力ツールにおけるマイクのオン／オフも⊞ + Hで切り替えられます。

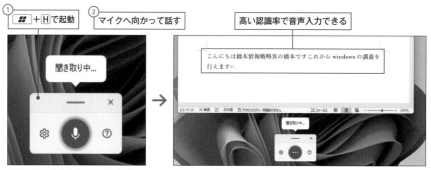

⊞ + Hで音声入力ツールを起動。マイクに向かって、「こんにちは、橋本情報戦略企画の橋本です。これからWindowsの講義を行います」と話した。少し間違えているがかなりの音声認識率だ。

---

column

良いアイデアを失わないためにスマホで音声入力する

　筆者は少し仕事を休もうとお茶を飲んでいるときに限って、良いアイデアが浮かびます。こんなときにはさっとスマホを出して、「音声入力」を活用しています。

　ちなみにPCとスマホ間のメモの同期は「OneNote」を活用しています。スマホ版OneNoteは任意のページをホーム画面に追加できるため、そのページのショートカットを素早くタップしてアイデアを音声入力しておき、その後PCで確認しています。

読めない漢字は手書きや部首で入力する ⌈Ctrl⌋＋⌈変換⌋→⌈P⌋

「読めないが入力しなければならない漢字」がある場合は、「IMEパッド」が便利です。IMEパッドを素早く表示したい場合は、⌈Ctrl⌋＋⌈変換⌋→⌈P⌋でアクセスすることができます。なお、該当ショートカットキーが非対応の場合は、通知領域の「入力インジケーター」を右クリックして、ショートカットメニューから「IMEパッド」を選択します。

「IMEパッド」の「手書き」であれば、読めない漢字をマウスをドラッグして描画すればOKですし、タッチ対応PCであれば指で描画して認識させることもできます。

また、「IMEパッド」の「部首」であれば、該当漢字の部首の画数を指定したうえで、任意の部首を選択することにより、漢字を選択入力することができます。

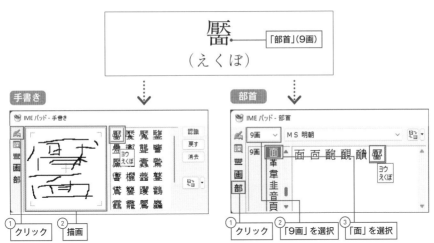

靨（えくぼ）を「IMEパッド」の「手書き」で描画入力した場合と、「部首」（9画の「面」）で部首引きした場合。漢字にもよるが部首引きが便利だ。

確定済みの文字列を再変換して修正する ⌈変換⌋

すでに確定済みの文字列を修正する場合は、「再変換」を活用するのも1つの手です。操作は簡単で、カーソルを合わせて⌈変換⌋を押すだけで再変換できます。会議などでメモを素早く残しておきたい場面では、誤変換をあえて無視して入力を行い、後で再変換を活用するのも効率的です。

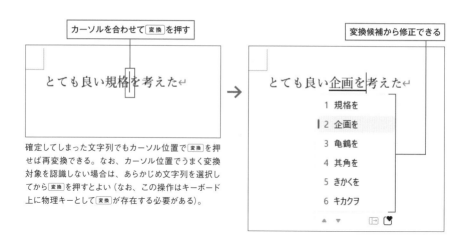

カーソルを合わせて 変換 を押す

とても良い規格を考えた↵

変換候補から修正できる

とても良い企画を考えた↵

1 規格を
2 企画を
3 亀鶴を
4 其角を
5 きかくを
6 キカクヲ

確定してしまった文字列でもカーソル位置で 変換 を押せば再変換できる。なお、カーソル位置でうまく変換対象を認識しない場合は、あらかじめ文字列を選択してから 変換 を押すとよい（なお、この操作はキーボード上に物理キーとして 変換 が存在する必要がある）。

文字を手書きで連続入力する

文字入力のムダを省く手段として、**連続手書き入力**を活用するのも1つの手です。

具体的には、「設定」（⊞ + I）→「個人用設定」→「タスクバー」と選択して、「システムトレイアイコン」欄内の「タッチキーボード」をオンにします。文字入力の場面で「タッチキーボード」アイコンをクリックの後、キーボードの設定から「手書き」を選択します。以後、左から右に文字列を描画して記述すれば文字を入力できます（次ページ参照）。ひらがなだけではなく、漢字にも対応しているので、読めない漢字を入力する際にも役立ちます。

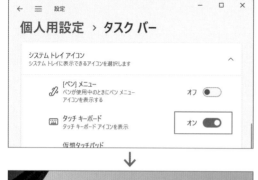

タッチキーボードを表示するには、「設定」→「個人用設定」→「タスクバー」を選択（あるいはタスクバーを右クリックして、ショートカットメニューから「タスクバーの設定」を選択）。「システムトレイアイコン」欄内の「タッチキーボード」をオンにすればよい。

通知領域に「タッチキーボード」が表示される。ちなみに、名称は「タッチ」だが、PCがタッチ対応していなくても利用可能だ

タッチキーボードの表示

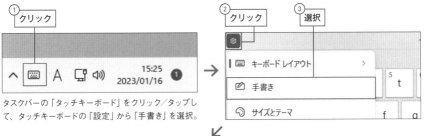

タスクバーの「タッチキーボード」をクリック／タップして、タッチキーボードの「設定」から「手書き」を選択。

ここに書いてください ─── 手書き入力が可能になる

タッチキーボードによる文字入力と予測変換

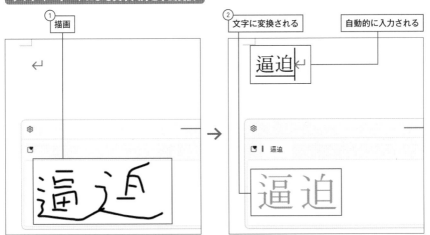

手書き欄に手書きで字を連続記述する。漢字もきちんと文字として認識され、入力することができる。マウスでの描画も可能だが、タッチ対応であれば指、ペン対応であればペン描画したほうが認識率も高く効率的だ。

2〜3文字を手書きすると
予測候補が表示される

手書き入力でも予測候補が表示されるため2〜3文字を手書きすれば、よく利用する単語やフレーズを素早く簡単に入力できる。

写真や動画の中の文字をテキスト化する ⊞ + Shift + T

　写真や画像内の文字列、動画内の文字列などは一般的な手段ではテキストとして取得できませんが、Microsoft PowerToys（p.87参照）の**「Text Extractor」を使うと簡単にテキスト化できます。**

　まずは、Microsoft PowerToysの「Text Extractor」から「Text Extractorを有効にする」をオンにします。次にテキスト化したい画像をデスクトップに表示して、⊞ + Shift + Tを入力します。テキスト化したい範囲をドラッグで選択すれば、クリップボードにOCRした文字列が送信されます。

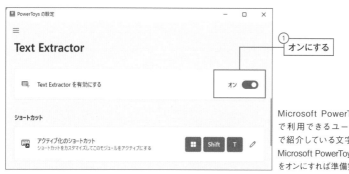

① オンにする

Microsoft PowerToysは、誰でも無料で利用できるユーティリティだ。ここで紹介している文字列のテキスト化は、Microsoft PowerToysで「Text Extractor」をオンにすれば準備完了だ。

↓

② 画像を表示

③ ⊞ + Shift + Tを入力して、ドラッグで範囲選択

任意の画像（あるいは動画の静止状態でもよい）をデスクトップ上に表示して、⊞ + Shift + Tを入力して、ドラッグで範囲選択。

↓ 画像の文字がテキスト化される

この一冊で↵
すべて身につく!↵
初心者でも安心基本から活用まで予定表や連絡先
わかりやすい解説丁寧な手順説明の効果的な管理↵

Wordの上でCtrl + Vを入力すると、OCRした文字列を貼り付けることができる。余計なスペースが挿入されるものの、ひらがなも漢字もほぼ完璧な認識率を誇る。

08
Font

文字の書式を瞬時に変更、またはリセットする

文字列選択や文字書式変更をマウスで操作していては時間がいくらあっても足りません。ショートカットキーを活用して時短しましょう。

自由自在に文字列を選択できるショートカットキー

　文章上のカーソルを移動する際、通常はカーソルキーを連打しますが、いくつかのカーソル移動のショートカットキーを知っておくと時短になります。

　まず、文書の先頭や末尾に移動するショートカットキーはそれぞれ Ctrl + Home / Ctrl + End になります。 Shift を加えることで文字列を選択できるので、現在位置から文書の末尾までの選択であれば Shift + Ctrl + End になります。

　次に段落を選択する方法も押さえておきましょう。 Ctrl + ↑ → Shift + Ctrl + ↓ で現在の段落を選択できるので、段落に対して任意の書式設定などを行いたい場合に役立つショートカットキーです。

　また、単語単位で左右に移動するショートカットキーに Ctrl + ← / Ctrl + → があり、 Shift を加えることで単語を選択できるので、単語のコピーや文字の書式を変更したい場面などで役立ちます。

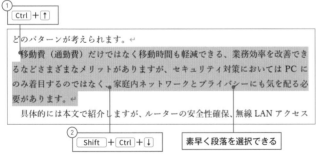

① Ctrl + ↑

どのパターンが考えられます。

移動費（通勤費）だけではなく移動時間も軽減できる、業務効率を改善できるなどさまざまなメリットがありますが、セキュリティ対策においては PC にのみ着目するのではなく、家庭内ネットワークとプライバシーにも気を配る必要があります。

具体的には本文で紹介しますが、ルーターの安全性確保、無線 LAN アクセス

② Shift + Ctrl + ↓

素早く段落を選択できる

Ctrl + ↑ → Shift + Ctrl + ↓ のショートカットキーの組み合わせで素早く段落を選択できる。このまま Delete で削除することもできれば、 Ctrl + X でカットして Ctrl + V で移動、あるいは書式設定など、文字列選択の各種ショートカットキーは時短に役立つ。

▼カーソル移動のショートカットキー

ショートカットキー	実行内容	ショートカットキー	実行内容	ショートカットキー	実行内容
Ctrl + Home	文書の先頭	End	行末尾	Ctrl + ↑	段落頭
Ctrl + End	文書の末尾	Ctrl + ←	単語単位に左	Ctrl + ↓	段落末（次段落の先頭）
Home	行頭	Ctrl + →	単語単位に右		

フォントサイズを変更する

みなさんは今、フォントサイズを変更したい場合にどのような操作をしているでしょうか。文字列を選択して、WordやPowerPointのリボンでフォントサイズを指定しているのではないでしょうか。もちろんこの方法でも変更できますが、**もっと簡単な方法に「フォントサイズを大きくする・小さくする」という固有のショートカットキーを使う方法があります。**

フォントサイズを大きくしたい場合は、文字列を選択して Ctrl + Shift + > あるいは Ctrl +] を連打します。こうすることで徐々にサイズを大きくすることができます。また逆に Ctrl + Shift + < あるいは Ctrl + [を連打することで徐々にサイズを小さくすることができます。

また、フォント（書体）とフォントサイズの両方を同時に指定したい場合は、Ctrl + Shift + F を押して、「フォント」ダイアログを表示することで詳細に設定することができます（フォントの指定のみなら Alt → H → F → F からのカーソルキー ↑↓ での指定が素早い）。

なお、ここで指定したフォントやフォントサイズが気に入った場合は、第1章で解説した Ctrl + Shift + C → Ctrl + Shift + V を使うことで、簡単に書式設定を別の文字列にコピーすることができます（p.36参照）。

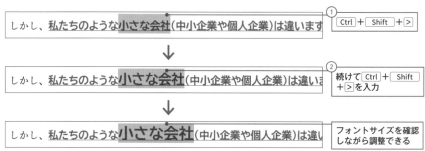

Ctrl + Shift + > あるいは Ctrl +] で選択中の文字列のフォントサイズを徐々に大きくできる。ちなみに、Ctrl +] では1ポイント単位になる。

▼フォント関連のショートカットキー（Word・PowerPoint）

ショートカットキー	実行内容	ショートカットキー	実行内容
Ctrl + Shift + >	フォントサイズを大きくする※	Ctrl +]（1ポイント単位）	フォントサイズを大きくする
Ctrl + Shift + <	フォントサイズを小さくする※	Ctrl + [（1ポイント単位）	フォントサイズを小さくする
Ctrl + Shift + F	「フォント」ダイアログを表示する（一部のアプリのみ）		

※リボンのフォントサイズ指定のドロップダウンにしたがったサイズ変更になる。

英語の大文字・小文字を自在に切り替える　Shift + F3

英語の大文字・小文字・文頭大文字の変換に便利なのが Shift + F3 です。文字列を選択して、 Shift + F3 を入力するごとに「大文字」「小文字」「先頭大文字」を切り替えることができます。ちなみに、一発で大文字にしたい場合は、Ctrl + Shift + A を入力します。これらのショートカットキーを覚えてしまえば、**入力時に大文字・小文字を意識して時間をロスするというムダをなくすことができます。**

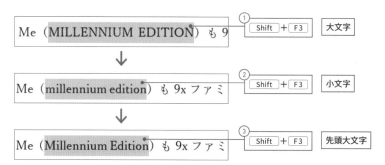

文字の書式をリセットする　Ctrl + スペースキー

書体を変え、フォントサイズを変え、色を変えて、斜体にして、アンダーラインを引いて……でも、やっぱり気に入らないという場合は、文字列を選択して Ctrl + スペースキーを入力します。すると、すべての文字書式をリセットできます。

蛇足ですが、文章もプレゼンテーションも「装飾しすぎ」はデメリットしかありません。説得力がなくなり、また何が重要なのかもわかりづらくなります。文章でもプレゼンシートでも、可能な限りシンプルにすると、結果的にわかりやすく見やすいものになります。

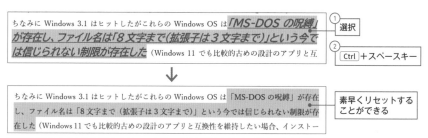

文字を装飾しすぎた場合は Ctrl + スペースキー（日本語入力オフ）でリセットすることができる。意外と重宝するショートカットキーだ。

09
Customize

Officeの「おせっかい機能」を撲滅する

オートコレクトによる小さな親切が、文字入力における作業ロスやイライラの原因になることがあります。ここでは各機能の停止方法を紹介します。

オートコレクトの設定を調整しよう

入力した文字を自動修正したり、箇条書きにしたりと、Officeの「オートコレクト」には押しつけがましい親切な機能が満載です。

このOfficeのオートコレクトの調整は、「ファイル」タブをクリックして、Backstageビューから「オプション」を選択して（Alt→F→Tでもよい）、表示されるダイアログの左欄で「文章校正」を選択して、「オートコレクトのオプション」をクリックすることでカスタマイズできます。

なお、Outlookのみ、「Outlookのオプション」ダイアログの左欄で「メール」を選択して、「メッセージの作成」欄内の「スペルチェックとオートコレクト」をクリックしたうえで、さらに「オートコレクトのオプション」をクリックすることでオートコレクトにアクセスします。

Officeのオートコレクト調整

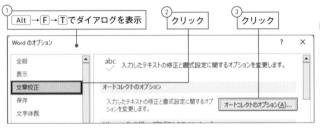

Alt→F→Tで「〜のオプション」ダイアログを表示し、左欄で「文章校正」を選択して、「オートコレクトのオプション」をクリックする。なお、Word・Excel・PowerPointでは、編集画面でAlt→T→Aで一発アクセス可能だ。

Outlookのオートコレクト調整

Outlookではメニューが深く、「Outlookのオプション」ダイアログの左欄「メール」内の「スペルチェックとオートコレクト」をクリックして、さらに「編集オプション」の「オートコレクトのオプション」をクリックする必要がある。

オートコレクトを設定する際のポイント

オートコレクトの文章の**自動校正**（文の先頭のアルファベットの1文字目を大文字に変換したり、「こんにちわ」を「こんにちは」に修正したりする機能）や**オートフォーマット**（段落番号を自動的に付加したり、行頭に自動的にインデントを入れたりする機能）は、作業環境によっては余計な機能です。オートコレクトの代表的な各種機能は、下表を参照して調整を行うとよいでしょう。

ちなみに、とにかくOfficeに余計なことをしてほしくない人は、**オートコレクトのすべてのチェックを外したうえで、必要性を感じる項目のみにチェックを入れるアプローチがよいでしょう。**

筆者は全Officeで「オートコレクト」のチェックはすべて外して作業している。作業上不便を感じたことなどなく、快適そのものだ。というかOfficeの余計な自動文章校正こそイライラの原因であり、「小さな親切、大きなお世話」の代表例なので、いらない機能は積極的に「オフ」だ。

▼オートコレクトの設定場所

機能	設定方法
段落番号になる （1.～など）	「入力オートフォーマット」タブ内「入力中に自動で書式設定する項目」にある「箇条書き（段落番号）」のチェックで設定
行頭スペースが インデントになる	「入力オートフォーマット」タブ内「Tab/Space/BackSpaceキーでインデントとタブの設定を変更する」と「入力オートフォーマット」タブ内「行の始まりのスペースを字下げに変更する」のチェックで設定
URLがハイパーリンクになる	「入力オートフォーマット」タブ内「入力中に自動で変更する項目」にある「インターネットとネットワークのアドレスをハイパーリンクに変更する」のチェックで設定
文の先頭のアルファベットの 1文字目が大文字になる	「オートコレクト」タブ内「文の先頭文字を大文字にする」のチェックで設定
入力文字が別の文字列に 置換される	「オートコレクト」タブ内「入力中に自動修正する」のチェックで設定
序数が上付き文字になる	「入力オートフォーマット」タブ内「入力中に自動で変更する項目」にある「序数（1st, 2nd, 3rd, …）を上付き文字に変更する」のチェックで設定
連続同一文字で罫線になる	「入力オートフォーマット」タブ内「入力中に自動で書式設定する項目」にある「罫線」のチェックで設定

Officeのその他の余計な機能

WordやExcelにおいて、最初にアプリを起動すると「こんにちは（こんばんは）」などと表示されるスタート画面が表示されますが、このスタート画面を停止して「白紙（新規）」で開始したい場合は、Word／Excelの編集画面で Alt → F → T を入力し、「Word／Excelのオプション」ダイアログの左欄で「全般」を選択して、「起動時の設定」欄内にある「このアプリケーションの起動時にスタート画面を表示する」のチェックを外します。

また、WordやExcelの作業結果などではアニメーションが勝手に実行される関係上、Officeのカーソルがヌルっと動いて一歩遅れたような表示になるのですが、これを防ぎたい場合は、「Word／Excelのオプション」ダイアログの左欄で「アクセシビリティ」を選択して、「操作の結果のオプション」にある「操作をアニメーションで表示する」のチェックを外します。

Word／Excelの「スタート画面」（既定）

Excelのスタート画面。「空白のブック」を直接起動したい場合は、スタート画面を停止すればよい。

Word／Excelのオプションへのアクセス

Word／Excelの編集画面で Alt → F → T と入力すれば、各種設定が可能な「〜のオプション」ダイアログを素早く表示できる。

スタート画面の停止

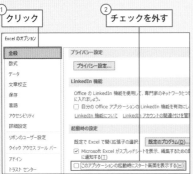

WordやExcel起動時の「スタート画面」が邪魔な場合は、「このアプリケーションの起動時にスタート画面を表示する」のチェックを外せばよい。

操作アニメーションの停止

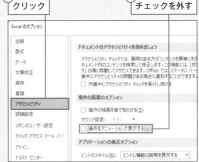

カーソル移動やフィル操作の後のアニメーションによるトロさが気になる場合は、「操作をアニメーションで表示する」のチェックを外せばよい。

10 「キーの再マップ」で文字入力を劇的に改善する

Remap

キーボード配列が使い慣れたものと異なるとストレスになりますし、時間のロスにもなります。ここでは「キーの再マップ」による時短を解説します。

物理キーを再マップしよう

「使い慣れたキーボード配列」で操作したほうが効率的であることはいうまでもありません。特に**タッチタイピングにおいては**「**キーの配列が自分のイメージに合うこと**」**がキモ**といってよいでしょう。

しかし、PCの買い換えでキー配列が変わってしまった場合や、「会社と自宅」「据え置きPCとモバイルPC」などと複数のPCを利用しなければならない場合は、キー配列の違いを意識して「物理的なキーを目視して確認したうえで入力しなければならない」というムダが発生します。

例えば、筆者は3台のPCで執筆作業を行っており、[Back space]の上に[Delete]があることをイメージしたタッチタイピングをします。ある1台は[Back space]の上が「検索」（Browser Search）、ある1台は[F12]であるため、そのまま使用するとタイプミスが起きやすい状態です。

このような「**不慣れなキー配列によって生じるストレスや時間のロス**」を改善できるのが、キー定義の変更（キーの再マップ）です。**Microsoft PowerToys**（別途インストールが必要。p.87参照）でカスタマイズ可能です。

キーの再マップでは「現存しないキー」を割り当てることも可能なので、例えば[🗐]（アプリケーションキー）がない物理キーボードの任意のキーに[🗐]を割り当てることもできます。

筆者が所有している各PCのキーボードレイアウト。機種ごとに[Back space]の上にあるキーがすべて異なるため、このままだとタッチタイピングにおいて入力ミスが多くなる。

Microsoft PowerToysの「Keyboard Manager」から「Keyboard Managerを有効化する」をオンにしたうえで、「キーの再マップ」をクリックします。

「＋」（キーの再マップの追加）をクリックして「物理キー」に現在のキー、「マップ先」に置き換えたいキーを選択／直接入力し、「OK」をクリックすればキーの再マップを行えます。

このキーの再マップにより**「打ち間違いを減らす」「キーを目視して入力しなくてよい」という超時短を実現することができます。**

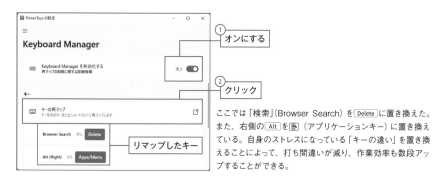

① オンにする

② クリック

リマップしたキー

ここでは「検索」（Browser Search）を Delete に置き換えた。また、右側の Alt を 墨 （アプリケーションキー）に置き換えている。自身のストレスになっている「キーの違い」を置き換えることによって、打ち間違いが減り、作業効率も数段アップすることができる。

複数のキー入力が必要なショートカットキーをワンキーで済ます

Microsoft PowerToysの「Keyboard Manager」では、**「よく利用するショートカットキーを1つのキー（ワンキー）で代用する」**ことも可能です。

例えば、筆者はWebブラウザーで多数のタブを展開して作業するため、タブを閉じるショートカットキー Ctrl ＋ W を多用するのですが、2つのキーを同時に押す操作を繰り返すと指が疲れてしまいます。そこで、 Ctrl ＋ W を F1 に割り当てて、ワンキーだけでサクサクとタブを閉じることができるようにして、指の負担軽減と時短の両方を実現しています。

リマップしたキー

キーの再マップの追加

Microsoft PowerToysのインストール

Microsoft PowerToysを利用するには、Microsoft Storeの検索ボックスで「PowerToys」を検索して、別途インストールする必要があります。

Microsoft PowerToysではさまざまな便利機能が提供されているので、興味のある方はぜひ一度使ってみてください。

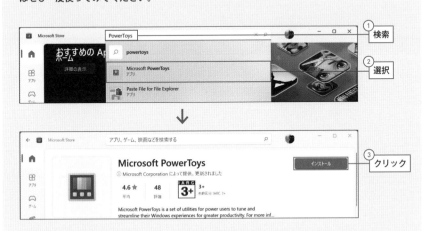

Microsoft PowerToysの各ユーティリティの機能の概要や詳細情報を確認したい場合は、左ペイン下部にある「PowerToysにようこそ」をクリックしたうえで、各ユーティリティをクリックします。なお、Microsoft PowerToysの詳細情報に直接アクセスしたい場合は、下記リンクからでも可能です。

● Microsoft PowerToysの情報やマニュアル
URL https://learn.microsoft.com/ja-jp/windows/powertoys/

Microsoft PowerToysの各ユーティリティの機能の確認

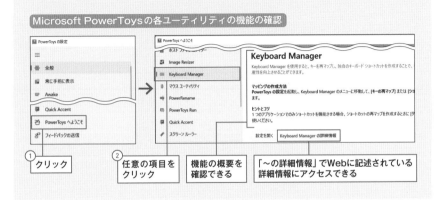

第3章

Excelの
時短 & 脱ムダ仕事術

Excelほど「便利な機能を知っている人」と「知らずに操作している人」の間で作業時間に差が生じるアプリはありません。その作業時間差は100倍〜1000倍になることもあり、**「知らない人が丸2日かかっていた作業を、知っている人が作業したら数十秒で終わった」**なんてこともめずらしくありません。

みなさんの大切な時間を、ムダなExcel作業に費やす必要はありません。時短や脱ムダを実現できる便利な使い方を習得して作業効率を大幅に改善しましょう！

01 Excel操作を劇的に改善するための2大要素

02 数式を使わずにデータの傾向を確認する

03 事前に習得しておくべき7つの最重要テクニック

04 Excelの「やってはいけない」7つの行為

05 「シートの管理」は面倒くさいがとても重要

06 セル操作を指に覚えさせる

07 セル編集のムダをなくす

08 データ入力を一気に終わらせるスゴいワザ

09 行と列を調整して「作業しやすい表」にする

10 「表示形式」を極めよう

11 「見やすい表」を実現するフォント・配置・色使いのルール

12 罫線を自由自在に引く方法

13 オートフィルの賢い使い方

14 表をテーブル化して超効率化を実現する

Excel操作を
劇的に改善するための2大要素

Excelの作業効率は、本章で紹介するいくつかの機能を知るだけで劇的に向上します。特にExcelで表を操作するうえで「見やすさの追求」は非常に重要です。

「知っている人」と「知らない人」の間にある圧倒的な差

数あるアプリの中でも、Excelほど「使う人によって作業効率に差があるアプリ」はありません。例えば、Wordによる操作は、作業の速い人と遅い人の差はせいぜい数倍〜数十倍程度です。遅い人が30分かかる作業を、速い人は5分で、といったイメージです。

一方、**Excelの場合は、その差は100倍あるいは1000倍になることもあります。**遅い人が30分かかる作業を、速い人は2〜3秒で済ませることもあります。これは極端な例でも、大げさな話でもなく、ごく普通に起こりうることです。

Excelとはこれほどまでに「機能を知っている人」と「機能を知らない人」で差が生じるアプリなのです。Excelの恐ろしさでもあり、面白さでもあります。ぜひこのことを本書を通じて体験し、そして「機能を知っている人」になってください。

同じ作業で「数分」と「数秒」の違い

無装飾の表

一瞬で「見出し行を強調」＋
「行に背景色を交互」に

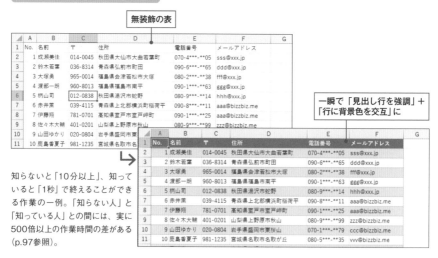

知らないと「10分以上」、知っていると「1秒」で終えることができる作業の一例。「知らない人」と「知っている人」との間には、実に500倍以上の作業時間の差がある（p.97参照）。

機能で空白セルを自動選択

サポート期間内のWindowsバージョンであることの確認	○	○	○	○	○	○				5	1	2
OSの各種セキュリティ機能が正常動作していることの確認		○	○	○	○	○				5	1	2
Windowsを安全運用するためのセキュリティアップデート			○							4	1	2
PCを安全に運用するための更新プログラムの導入制御設定				△	△	△				2	4	4
日常操作を阻害しない更新プログラムの適用管理					△	△	△			3	3	3

空白セルを「目」で見つけて「手」で1つひとつ「×」を入力するのと、機能とショートカットキーの組み合わせで一瞬で「×」を入力するのでは、作業時間や正確さに雲泥の差がある（p.119参照）。

↓

サポート期間内のWindowsバージョンであることの確認	○	○	○	○	○	○	×	×	×	5	1	2
OSの各種セキュリティ機能が正常動作していることの確認	○	○	○	○	○	×	×	×		5	1	2
Windowsを安全運用するためのセキュリティアップデート	×	○	○	○	×	×	×			4	1	2
PCを安全に運用するための更新プログラムの導入制御設定	×	×	×	△	△	△	×	×	×	2	4	4
日常操作を阻害しない更新プログラムの適用管理	×	×	×	△	△	△				3	3	3

機能やショートカットキーを知っていれば一瞬で空欄に「×」を入力できる

Excelの操作はショートカットキーから覚える

Excelの操作といえば「実行したい操作をリボンでクリック」と思うかもしれませんが、実は「ショートカットキー」を覚えたほうが素早く、かつ確実に操作できます。

まずは [Alt]→[H]→[O]の**「書式」だけ覚えてしまいましょう**。Excelでは、表を見やすくすることが編集や確認を行ううえでも非常に重要なのですが、このショートカットキーを覚えればセルの幅や高さをサクッと整えて見やすくすることができます。

では、書式における「行の高さ」や「列の幅」を調整したい場合はどうすればよいでしょうか？

「高さ」はHeightだから「H」、「幅」はWidthだから「W」になり、それぞれ書式のショートカットキーと組み合わせて、[Alt]→[H]→[O]→[H]で行の高さの調整、[Alt]→[H]→[O]→[W]で列の幅の調整ということになります。また、行の高さを自動調整したければ、自動はAutoなので、[Alt]→[H]→[O]→[A]になります。

このように、書式設定は[Alt]→[H]→[O]と覚えてしまえば、1つの知識からさまざまな操作へと応用できます。

Excelではついついマウスでカチコチと操作してしまいがちですが、遠回りでミスをしやすいマウスよりも、わかりやすく・素早く・確実な操作が可能な**「ショートカットキー」こそ、Excelを使いこなすための近道であり、楽しく作業するための必須項目なのです。**

一瞬で行の高さを整えて見やすくする

① Ctrl ＋ A で全選択 ② Alt → H → O → A

行の高さを調整できる

	A	B	C	D	E
1	日付	店名	商品	単価	数量
2	2023/1/2	大阪	Surface Pro	138,000	2
3	2023/1/17	東京	Surface Laptop	124,000	1
4	2023/2/12	福岡	Surface Book	210,000	3
5	2023/2/19	東京	Windows Phone	55,000	2
6	2023/2/27	福岡	Surface Book	210,000	1
7	2023/3/1	大阪	Surface Laptop	124,000	1
8	2023/3/10	大阪	Surface Pro	138,000	2
9	2023/3/20	東京	Surface Go	98,000	2
10	2023/4/18	福岡	Surface Book	210,000	1

行の高さを自動調整したければ、Ctrl ＋ A で全選択して、Alt → H → O → A だ。書式のショートカットキーを覚えてしまえば、表の体裁を一瞬で整えることができる（p.122参照）。

見やすさを極めて作業しやすくする時短

　筆者はかつて紙面のデザイン制作をしていた人間です。そのため、文字組（原稿のレイアウト）に対してこだわりがあり、またどのようにメリハリをつけると文字が読みやすいかを知っています。

　この知識は一見、文書を作成するWordで役立つように思えるかもしれませんが、Excelでも役立ちます。むしろ、Wordでは文字を入力した後に体裁を整えればよいのに対して、**Excelは表の上での作業になるため、最初から表を整えて「見やすく・作業しやすい」状態にする必要があるのでより重要です。**

　ストレスを軽減し、かつムダを省くためにも、Excelで作業しやすいように体裁を整えるようにしましょう。

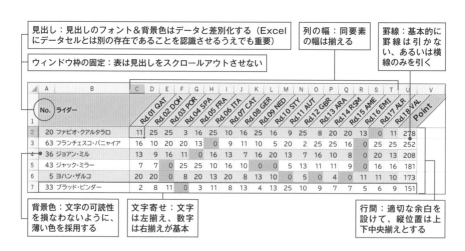

見出し：見出しのフォント＆背景色はデータと差別化する（Excelにデータセルとは別の存在であることを認識させるうえでも重要）

列の幅：同要素の幅は揃える

罫線：基本的に罫線は引かない、あるいは横線のみを引く

ウィンドウ枠の固定：表は見出しをスクロールアウトさせない

背景色：文字の可読性を損なわないように、薄い色を採用する

文字寄せ：文字は左揃え、数字は右揃えが基本

行間：適切な余白を設けて、縦位置は上下中央揃えとする

02
Quick Analysis

数式を使わずに
データの傾向を確認する

セルに入力されているデータの平均値や合計値を瞬時に確認する方法を紹介します。また、データの傾向をビジュアル化する方法も紹介します。

数式を使わずに平均や合計を求める

Excelでは、平均や合計などを求めたい対象を範囲選択するだけで、**ステータスバーに目的の結果（値）を表示することができます**。このとき、セルに数式を入力する必要はありません。

既定ではステータスバーに合計・平均・データ個数が表示されます。表示される各値は、クリックするだけでクリップボードにコピーできるため、別アプリで値を活用したい場面でも重宝します。

またステータスバーを右クリックすれば、表示項目のカスタマイズも可能です。

ステータスバーの活用

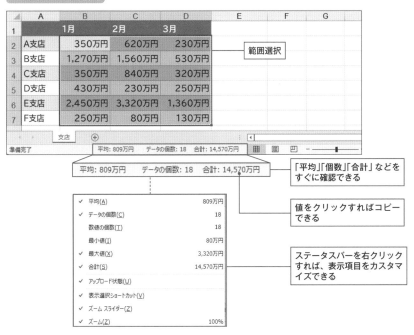

データをグラフ化して数値の傾向を確認する Ctrl + Q → Tab

「ざっくりとした数値の傾向を知りたい」。そんな場合は対象を範囲選択して Ctrl + Q → Tab を入力します。**クイック分析の「データバー」**を選択すると、文字通り、数値をデータバーで表示して傾向を知ることができます。

また Ctrl + Q → Tab → → で**クイック分析の「カラー」**を選択すれば、数値を色分けして傾向を知ることができます。

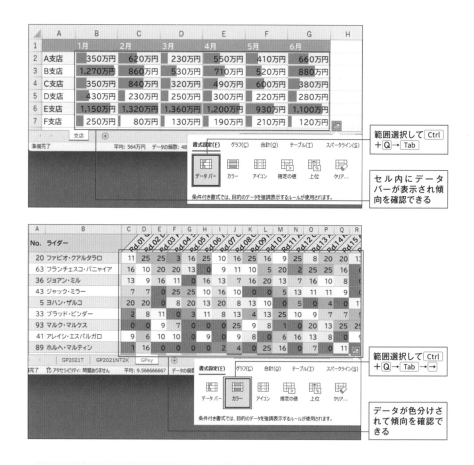

範囲選択して Ctrl + Q → Tab

セル内にデータバーが表示され傾向を確認できる

範囲選択して Ctrl + Q → Tab → →

データが色分けされて傾向を確認できる

---

memo 上記で紹介した方法以外にも、「アイコン」ではセル内の数値前に矢印アイコンを設定でき、「指定の値」では任意に指定した数値より大きい値のセルに任意の書式を設定できます。また、「上位」では最上位と最下位の値に書式を設定することができます。

合計値の数式「SUM」を1秒で入力する　Shift + Alt + =

　Excelの基本ともいえる「SUM」(合計を算出する関数) は、Shift + Alt + =で簡単に挿入することができます。範囲指定に間違いがなければ、そのままEnterで完了です。

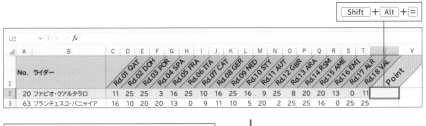

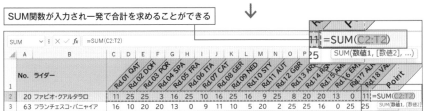

Shift + Alt + =を入力するとSUM関数が挿入され、範囲指定の引数も自動挿入される。なお、範囲指定の引数が違う場合でも、Shift +カーソルキー→←↑↓で修正することが可能だ。

関数の使い方をExcelに教えてもらう　Ctrl + Shift + A

　「関数名はわかるのだが、引数を忘れてしまった……」。例えば、IF関数を使いたいが引数がわからない場合は、セルに「=IF」と入力して、Ctrl + Shift + Aを入力します。すると、引数に指定する内容をすぐに確認できます。

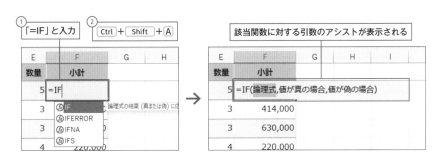

ウィザードを使って関数を入力する 　Shift ＋ F3

「関数を入力したいが使い方が思い出せない……」。そんな場合は、関数を入力したいセルで Shift ＋ F3 を入力します。

「関数の挿入」ダイアログが表示されるので、「関数の検索」に目的の単語（日本語でもOK）を入力します。例えば、数値を切り捨てしたいのであれば、そのまま「切り捨て」と入力します（下図参照）。すると、関連する関数が表示されるので、その中から目的の関数を選択し、ウィザードにしたがって「引数」を入力します。

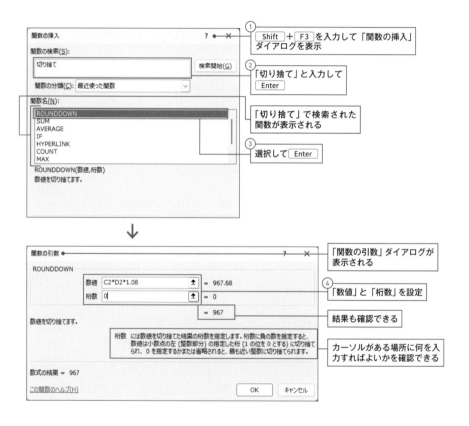

memo 「関数の引数」ダイアログの内容を見ても関数の使い方がわからない場合は、ダイアログの左下にある「この関数のヘルプ」をクリックします。関数の詳細をWebページで確認できます。

03 事前に習得しておくべき 7つの最重要テクニック

Operation

Excelには「最初に覚えておくと便利な機能やショートカットキー」があります。Excel作業をはじめる前に必ず習得してください。

①数秒で表を見やすく＆使いやすくする 　Ctrl + T → Enter

表を見やすくするには「見出し行を強調する」「背景色を交互に設定する」などいくつかの操作が必要ですが、この操作を何十〜何百行も同じ操作を繰り返して設定するのは苦痛であり、また良いデザインもなかなか浮かばないものです。

一瞬で表を見やすく整えたい場合は、Ctrl + T → Enter を入力します。見出しやデータがきちんと入力された表であれば、一発できれいにデザインされた表になります。このショートカットキーは「テーブルの作成（テーブル化）」になり、表のデザインを簡単に変更することや、追加列・行にも自動的に書式が適用されるなど優れた特性があります（第3章14節参照）。

なお、見出し行の「フィルター」機能は、不要であればCtrl + Shift + Lを入力すると簡単に解除できます。

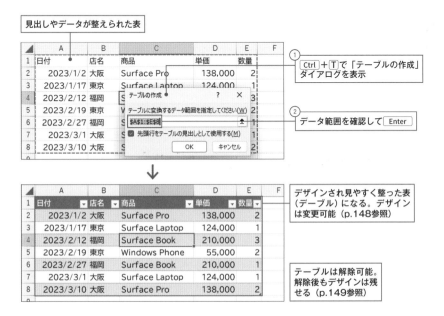

見出しやデータが整えられた表

① Ctrl + T で「テーブルの作成」ダイアログを表示

② データ範囲を確認して Enter

デザインされ見やすく整った表（テーブル）になる。デザインは変更可能（p.148参照）

テーブルは解除可能。解除後もデザインは残せる（p.149参照）

②数値の桁区切りを一発で追加する [Ctrl] + [Shift] + [1]

　数値に桁区切りを追加したい場合は、[Ctrl] + [Shift] + [1]で素早く実現できます。この他にも表示形式を「通貨」や「パーセンテージ」にするショートカットキーも存在しますが（p.128参照）、この桁区切りのショートカットキーはよく使うので最初に覚えてしまいましょう。

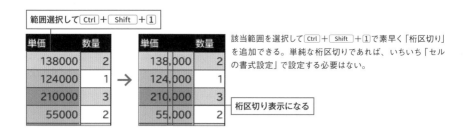

範囲選択して[Ctrl] + [Shift] + [1]

該当範囲を選択して[Ctrl] + [Shift] + [1]で素早く「桁区切り」を追加できる。単純な桁区切りであれば、いちいち「セルの書式設定」で設定する必要はない。

桁区切り表示になる

③同じ操作を繰り返す [F4]

　あるセルの背景色を任意の色で塗りつぶした後で、他のセルにも同様の背景色を指定したい……このように直前の指定（変更）を繰り返したい場合は、[F4]で実現できます。

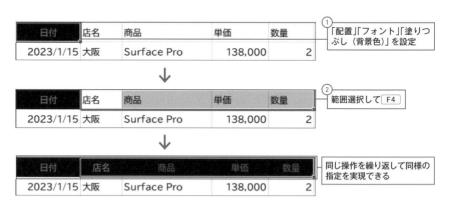

① 「配置」「フォント」「塗りつぶし（背景色）」を設定

② 範囲選択して[F4]

同じ操作を繰り返して同様の指定を実現できる

memo　直前の作業以外を繰り返したい場合は「形式を選択して貼り付け」を活用します（p.121参照）。

④「フィルハンドルを右ドラッグ」で確実にコピーする

Excelの代表的なテクニックの1つに「フィルハンドルをドラッグしてデータを連続入力する」というものがありますが、**フィルハンドルはドラッグではなく右ドラッグ**と覚えましょう。

通常のドラッグではExcelが機械的に判断した連続入力になるため自分の望んだデータが得られないことがあるのですが（ムダな操作になる）、**右ドラッグであれば連続データの種類を選択してデータを入力できる**ため時短になります。

フィルハンドルを表示するには、セルの右下にマウスポインターを合わせる

例えば「月末の日付」を連続入力したい場合であっても、セルのフィルハンドルをドラッグすると連続した日付になってしまいます。このような場合でも、フィルハンドルを右ドラッグすれば、ショートカットメニューから「連続データ（月単位）」を選択することで目的のデータを一発で入力できます。

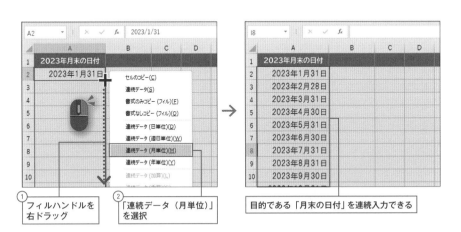

① フィルハンドルを右ドラッグ

② 「連続データ（月単位）」を選択

目的である「月末の日付」を連続入力できる

memo 「フィルハンドルの右ドラッグ」を利用すれば、連続データの入力だけでなく、「書式のみコピー」も簡単に実行できるのでとても便利です。

⑤セルの書式設定を瞬時に行う ⌈Ctrl⌉＋⌈1⌉

　「表示形式」「配置」「フォント」「罫線」「塗りつぶし（背景色）」などのセルに対する各種設定を行える「セルの書式設定」ダイアログを表示するショートカットキーは⌈Ctrl⌉＋⌈1⌉です。**セルの書式設定は利用頻度がかなり高いので必ず覚えて片手で入力できるようになってください。**

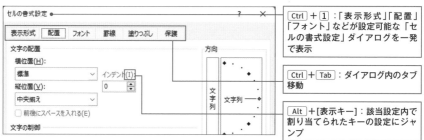

⌈Ctrl⌉＋⌈1⌉：「表示形式」「配置」「フォント」などが設定可能な「セルの書式設定」ダイアログを一発で表示

⌈Ctrl⌉＋⌈Tab⌉：ダイアログ内のタブ移動

⌈Alt⌉＋[表示キー]：該当設定内で割り当てられたキーの設定にジャンプ

・表示形式の設定　第3章10節参照
・フォント・配置・塗りつぶし　第3章11節参照
・罫線　第3章12節参照

⑥現在の日付と時刻を1秒で入力する ⌈Ctrl⌉＋⌈;⌉／⌈Ctrl⌉＋⌈:⌉

　Excelのショートカットキーの中でも絶対に覚えておきたいのは、⌈Ctrl⌉＋⌈;⌉（**セミコロン）による今日の日付入力**と、⌈Ctrl⌉＋⌈:⌉（**コロン）による現在時刻の入力**です。現在の日時をぱっとセルに入力できるので非常に便利です。

　なお、「和暦で日付を入力したい」などの場合でも、まずはこの⌈Ctrl⌉＋⌈;⌉（セミコロン）で日付を入力し、そのうえで「セルの書式設定」ダイアログで表示を整えるようにします（p.131参照）。

日付と時間の入力

⌈Ctrl⌉＋⌈;⌉（セミコロン）で今日の日付を入力

⌈Ctrl⌉＋⌈:⌉（コロン）で今の時刻を入力

⑦Excelの画面を拡大・縮小する

　大きい表の全体を確認したい場合など、Excelでは表示の拡大・縮小を行いたい場面が多くあります。最も簡単な方法は Ctrl ＋マウスホイール回転ですが、他にも Ctrl ＋ Alt ＋ － （マイナス）で縮小、 Ctrl ＋ Alt ＋ ＋ で拡大することができます（ Ctrl ＋ Alt ＋ Shift ＋ － でも拡大可能）。

　また、拡大倍率を指定したい場合は、 Alt → W → Q を入力して「ズーム」ダイアログを開き、倍率を指定します。100％表示に戻したい場合は、 Alt → W → J を入力します。これらのショートカットキーはとても重要なので、何度も実行して指に覚えさせてください。一度覚えてしまえばマウスに触れることなく拡大・縮小をサクサク実行できるのでとても効果的です。

ショートカットキーによる拡大・縮小

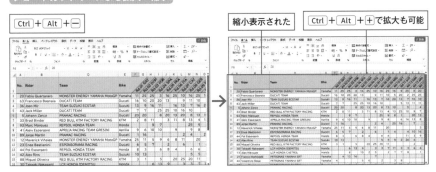

Ctrl ＋ Alt ＋ － 　　　縮小表示された　　　 Ctrl ＋ Alt ＋ ＋ で拡大も可能

「ズーム」ダイアログによる拡大・縮小

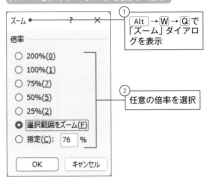

① Alt → W → Q で「ズーム」ダイアログを表示

② 任意の倍率を選択

Alt → W → Q で「ズーム」ダイアログを開き、任意の倍率を指定することも可能。なお、表全体を範囲選択してから Alt → W → Q → F → Enter を入力すれば、表全体をExcel内に収めた表示ができる。

column

画面共有時の拡大・縮小

　筆者はZoomやMicrosoft Teamsなどの画面共有を活用して、Excelを用いたプレゼンテーションや講義を行います。この際に、 Ctrl ＋マウスホイール回転では段階的な拡大・縮小になるため、受講者側で画面の遅延が起こることがあります。そのため、 Alt → W → Q で倍率を指定しています。

Excelの「やってはいけない」7つの行為

Excelには「やってしまいがちだが、後々困ることになる」という操作が存在します。このNG行為をここでは確認しましょう。

NG① 貼り付け（ペースト）は Ctrl + V でやってはいけない

　コピーは Ctrl + C、貼り付け（ペースト）は Ctrl + V が常識中の常識ですが、Excelのセルをコピーして貼り付けを行う際には Ctrl + V ではなく、**Ctrl + Alt + V による「形式を選択して貼り付け」**を利用します。

　これは、Excelのセルには「値」「数式」「書式」などが含まれるため、Ctrl + Alt + V で「形式を選択して貼り付け」したほうが対象を確実に指定でき効率が良いからです（「形式を選択して貼り付け」についてはp.121参照）。

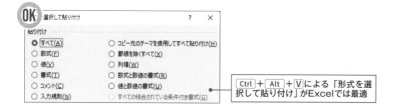

Ctrl + Alt + V による「形式を選択して貼り付け」がExcelでは最適

NG② 「セルの結合」をしてはいけない

　複数のセルを範囲選択して、「ホーム」タブから「セルを結合して中央揃え」をクリックすれば「複数のセルを結合して1つのセルとして扱う」ことができます。**しかし、「セルの結合」は行や列の編集やコピペなどでさまざまな問題が発生するため、極力利用しないようにします。**

「セルの結合」は利用禁止!!

memo Excelには「セルの結合」をすることなく、セルをまたいで文字列を中央に配置する方法があります（p.133参照）。

NG③ 行や列を非表示にしてはいけない

Excelには行や列を一時的に「非表示」にする機能がありますが、使ってはいけません。なぜなら、「行の非表示」「列の非表示」は表面上は見えないだけで、範囲選択や計算などに含まれるため、ミスや混乱が起こりかねない機能だからです。

行・列を非表示にしたい場合は「グループ化」を利用して行・列を折りたたむとよいでしょう（p.126参照）。

行＆列の非表示は利用禁止!!

NG④ 単位や敬称を入力してはいけない

「…円」「¥…」「…様」などの単位や前後文字、桁区切りのカンマなどは**「自らが手入力しない（ベタ打ちしない）」ことがExcelの基本になります。**

なぜなら、数値に単位を付けると計算に不具合が出てしまい、文字列としても整合性が取れなくなるなどの問題が起こるからです。

このような「数値の前後に任意の文字を表示したい」場合は、「セルの書式設定」ダイアログの「表示形式」で解決します（p.129参照）。

商品	単価	数量
Surface Pro	138000円	2

ベタ打ちは禁止!!

NG⑤ ゼロ埋めをしてはいけない

「001、002…010…099」のように数字の前にゼロをつけたい場合、「'（アポストロフィー）」を入れて強制的にゼロを自分で追加することができますが、**このアポストロフィーの入力も禁止です。**

普通に「1」「2」「10」「99」と入力して、「セルの書式設定」ダイアログの「表示形式」でゼロを追加するように設定します（p.131参照）。

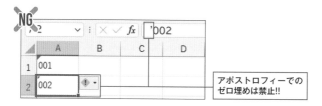

アポストロフィーでの
ゼロ埋めは禁止!!

NG⑥ 補足事項や注意点をセルの中に書いてはいけない

人に渡すデータなどに「申し送り事項」を書いたり、また複雑な表においては未来の自分に「注意点」などを記述しておきたいことがありますが、**補足事項や注意点をセルに直接入力するのは禁止です。**

必要な指示などを任意の位置に記述しておきたい場合は Shift + F2 （「校閲」タブから「新しいコメント」）を活用して、「コメント」(機能) として記述しておくとセルを汚さず済みます。

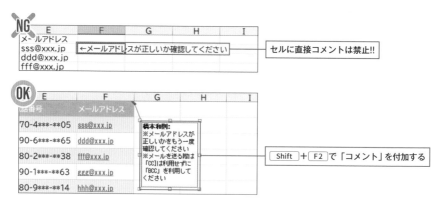

セルに直接コメントは禁止!!

Shift + F2 で「コメント」を付加する

memo 他者や未来の自分に向けて「コメント」を残すことはとても重要です。ぜひコメント機能を活用しましょう。

NG⑦ Excelのオートコンプリートを利用してはいけない

　Excelのオートコンプリートとは、セルに文字を入力する際に、同列のセルで入力済みの文字列を自動的に入力候補として表示する機能ですが、Excelの使い方によっては**誤入力の原因になります**。

「ま」と入力すると……

1文字入力するだけで他のセルのデータを参照して候補が表示されるのでミスの原因になる

　オートコンプリートが不要な場合は、Alt → F → Tを入力して、「Excelのオプション」ダイアログの左欄で「詳細設定」を選択して、「編集オプション」欄内の「オートコンプリートを使用する」のチェックを外します。

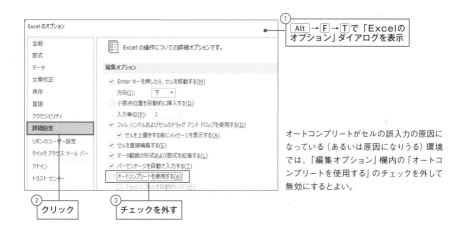

① Alt → F → Tで「Excelのオプション」ダイアログを表示

② クリック

③ チェックを外す

オートコンプリートがセルの誤入力の原因になっている（あるいは原因になりうる）環境では、「編集オプション」欄内の「オートコンプリートを使用する」のチェックを外して無効にするとよい。

---

column

オートコンプリートではなく「自動入力候補機能」を活用する

　同列セルに入力済みの文字列を入力候補として表示するオートコンプリートは、一見便利に見えます。しかし、前述のように誤入力の原因になりかねません。オートコンプリートに頼らずとも「自動入力候補機能」を活用すれば、1文字も入力せずに、リストから同列セルに入力済みの文字列を選択して入力できます（p.115参照）。

05

Sheet Management

「シートの管理」は面倒くさいが とても重要

疎かにされがちなシート管理ですが、ビジネスではデータを参照しやすい
状態にしておくためにも、また後で見つけやすくするためにも必須です。

シート管理の重要性

　Excelでの作業のムダをなくすためには**「必要なデータ（シート）をすぐに参照で
きるように"何の表"であるかを明記しておくこと」「シートを再利用して同じ作業をしな
いこと」**が必要です。

　ちなみに、シートの切り替えや名前の変更などは面倒くさいものですが、こん
な操作こそ「ショートカットキー」を活かしてサクッと済ませましょう。

シートを切り替える　[Ctrl] + [Page Up] / [Ctrl] + [Page Down]

　隣のシートを参照したい場合は、マウスではなくショートカットキーで切り替
えましょう。右隣のシートは[Ctrl] + [Page Down]、左隣のシートは[Ctrl] + [Page Up]で表示の切
り替えができます。目的のシートを探したい際などは、[Ctrl]を押しながら[Page Up] /
[Page Down]を入力してサクサクと表示を移動すると効率的です。

　なお、シートが多い場合は、シート右端の◀を右クリックすると一覧から目的
のシートにジャンプできます。

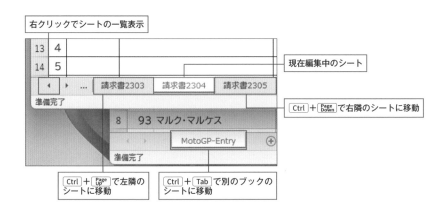

右クリックでシートの一覧表示

現在編集中のシート

[Ctrl] + [Page Down]で右隣のシートに移動

[Ctrl] + [Page Up]で左隣の
シートに移動

[Ctrl] + [Tab]で別のブックの
シートに移動

新しいシートを素早く作成する ⎡Shift⎤ + ⎡F11⎤

Excelでの新しいシートの作成は、シート見出しにある⊕をちまちまクリックするのではなく、⎡Shift⎤ + ⎡F11⎤で素早く行いましょう。

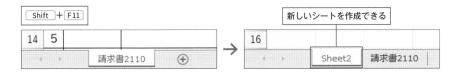

シートを素早くコピーする ⎡Ctrl⎤ + ドロップ

既存のシートをコピーしたい場合は、該当のシート見出しをドラッグして⎡Ctrl⎤ + ドロップすると簡単にコピーを作成できます。

請求書など過去のシートをテンプレートとして再利用したい場合などは、この操作でシートを複製すればすぐに作業を開始できます。

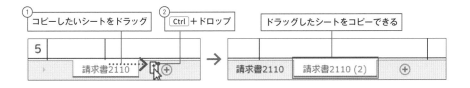

シート名を素早く変更する ⎡Alt⎤ → ⎡H⎤ → ⎡O⎤ → ⎡R⎤

シートの見出し（シート名）を「Sheet1」「Sheet2」などのまま放置してはいけません。シート名の変更はショートカットキー⎡Alt⎤ → ⎡H⎤ → ⎡O⎤ → ⎡R⎤で素早く行えます。

シート名はブックのファイル名と上手に使い分けるのがポイントです。例えば請求書であれば取引先名をファイル名にして、請求書の年月をシート名にするなど、業務に合わせたわかりやすい管理を心がけます。

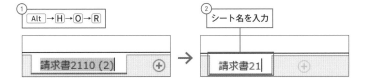

シート見出しに色を付ける

シート見出し（シートタブ）に色を付けると複数のシートをわかりやすく管理できます。同じ分類にあたるものを色付けしたり、あるいは提出済みと作成中で色分けするなど、目的応じて使い分けると便利です。

シート見出しの色の変更は、シート見出しを右クリックして、ショートカットメニューから「シート見出しの色」を選択して、表示された一覧から任意の色を選択します。Ctrl ＋クリックであらかじめ複数のシート見出しを選択しておけば色の一括指定も可能です。

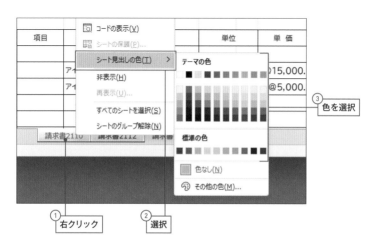

memo 「シート見出しの色」は Alt ＋H→O→T でも可能ですが、マウス操作のほうが早いので無理にショートカットキーを利用しなくてもよいでしょう。

ブック間でシートをコピーする   Alt → H → O → M

現在のシートを別のブックにコピーしたい場合は、Alt → H → O → M で「移動またはコピー」ダイアログを表示します。「移動先ブック名」から移動先のブック（Excelのデータファイル）を選択して、「コピーを作成する」をチェックして「OK」をクリックします。

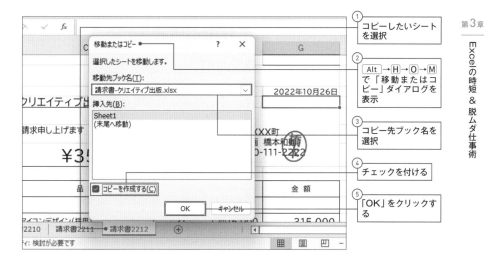

1. コピーしたいシート を選択

2. Alt → H → O → M で「移動またはコ ピー」ダイアログを 表示

3. コピー先ブック名を 選択

4. チェックを付ける

5. 「OK」をクリックす る

シートを削除する

Excelのブック内に余計なシートがあると、将来ブックを開いた際にどれが必要な シートかがわかりにくくなるため、不要なシートはバッサリ削除しましょう。

シートの削除は、シート見出しを右クリックして、ショートカットメニューか ら「削除」を選択します。

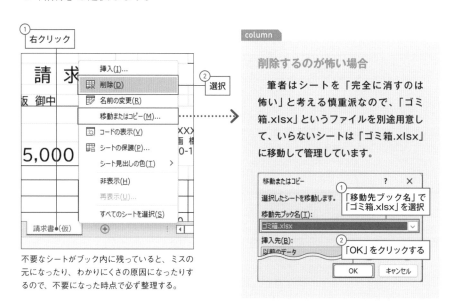

不要なシートがブック内に残っていると、ミスの 元になったり、わかりにくさの原因になったりす るので、不要になった時点で必ず整理する。

column

削除するのが怖い場合

筆者はシートを「完全に消すのは 怖い」と考える慎重派なので、「ゴミ 箱.xlsx」というファイルを別途用意し て、いらないシートは「ゴミ箱.xlsx」 に移動して管理しています。

1. 「移動先ブック名」で 「ゴミ箱.xlsx」を選択

2. 「OK」をクリックする

06 セル操作を指に覚えさせる

Cell Operation

セル移動はマウスを利用せずにキーボード操作で済ませましょう。ショートカットキーを指に覚えさせればExcelを快適に操作できます。

自在なセル移動に欠かせないショートカットキー

セルの移動（アクティブセルの移動）は、ショートカットキーを活用して素早く行うのが基本です。**上下左右の端まで一気に移動する場合は [Ctrl] ＋カーソルキー → ← ↑ ↓、表の始点や終点に移動する場合は [Ctrl] を押しながら [Home] ／ [End] を入力します**。このことを覚えておくと、さまざまな場面で活用することができます。

アクティブセルの移動とショートカットキー

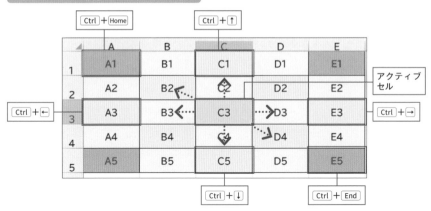

ショットカットキー	実行内容
[Ctrl] ＋ [Home]	左上端に移動（セル「A1」あるいはデータセルの左上端）
[Ctrl] ＋ ←	左端に移動
[Ctrl] ＋ →	右端に移動

ショットカットキー	実行内容
[Ctrl] ＋ ↑	上端に移動
[Ctrl] ＋ ↓	下端に移動
[Ctrl] ＋ [End]	右下端（末端）に移動

> **memo** シート内に空白セルを挟んだデータセルが存在する場合、端まで移動した状態で [Ctrl] ＋カーソルキーを入力すると、「次にデータが入力されているセル」まで一気に移動できます。データが入力されているセルがない場合は、シートの先頭または終点まで移動します。

セルを思い通りに選択する

行数や列数が数百を超えるような巨大な表を編集する際に、**ドラッグによる選択では膨大な時間がかかってしまい、指定ミスも起こりやすくなります。**こんなときこそ活用したいのがショートカットキーです。

Excelにおいてセルを範囲選択したい場合は Shift を利用します。例えば、表の見出し行を選択したければ、Ctrl + Home でセル「A1」に移動したのち、右端への移動の Ctrl + → に Shift を加えて、Ctrl + Shift + → で一気に選択できます。

Excelでは範囲指定してから操作をすることが多いので、セル移動のショートカットキーと組み合わせて「セルを思い通りに選択できる」ように、しっかりとショートカットキーを指に覚えさせることが大切です。

見出し行の一括選択

① Ctrl + Home でセル「A1」に移動　　② Ctrl + Shift + → で選択

「見出し行」を一括選択したければ Ctrl + Home → Ctrl + Shift + → だ。ここから Ctrl + 1 でセルの書式設定を行ってもよし、あるいは Alt → H → J でセルのスタイルを設定してもよい。

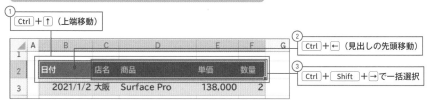

セル「A1」からデータがはじまらない場合の見出し行の選択

① Ctrl + ↑（上端移動）
② Ctrl + ←（見出しの先頭移動）
③ Ctrl + Shift + → で一括選択

セル「A1」からデータ範囲がはじまらないのであれば、表内セルから Ctrl + ↑ で上端に移動した後に Ctrl + ← で左端（見出しの先頭）へ移動し、そこから Ctrl + Shift + → で見出し行を選択する。「データ入力はA1から作らない（行列とも1行空きを作ってデータを入力する）」という作業スタイルもあるが、ショートカットキーの活用＆時短の観点でいえば表は素直に「A1」から作成すべきだ。

▼セルの範囲選択のショートカットキー

ショットカットキー	実行内容
Ctrl + Shift + →	アクティブセルから右端までのデータを範囲選択
Ctrl + Shift + ↓	アクティブセルから下端までのデータを範囲選択
Ctrl + Shift + Home	アクティブセルから「A1」までを範囲選択
Ctrl + Shift + End	アクティブセルからデータ範囲の右下端までを範囲選択
Ctrl + A	全データを範囲選択

　範囲選択のショートカットキーでは Shift を加えた複数のキーの同時押しが必要になりますが、Shift を押さずにセルの範囲選択をしたい場合は、「**拡張選択モード**」(範囲選択の拡張) を利用します。

　範囲の始点で F8 を押すと「拡張選択モード」になるので、カーソルキー → ← ↑ ↓ のみで範囲選択できます。拡張選択モードを終了するには、コマンドを実行する (例えば Ctrl + C を入力) か、あるいは Esc を入力します。

　拡張選択モードに慣れるまでは、F8 を押したときに表示されるステータスバーの「選択範囲の拡張」に着目しながら操作するとよいでしょう。

`カーソルキーによるセルの範囲選択`

	A	B	C	D	E	
1	No.	名前	〒	住所	電話番号	① 始点で F8
2	001	成瀬美佳	014-0045	秋田県大仙市大曲若葉町	070-4***-**05	
3	002	鈴木若葉	036-8314	青森県弘前市町田	090-6***-**65	
4	003	大塚勇	965-0014	福島県会津若松市大塚	080-2***-**38	
5	004	渡部一朗	960-8013	福島県福島市南平	090-1***-**63	
	005	横山亜	012-0828	秋田県湯沢市柳葉	0-9***-**14	
13	0		0101	青森県三沢市天ケ森	090-9***-**28	「拡張選択モード」になる

選択範囲の拡張

準備完了　選択範囲の拡張

② カーソルキーで範囲選択　③ コマンドの実行、あるいは Esc で拡張選択モードを解除

見出しとなるセルをスクロールさせない「ウィンドウ枠の固定」

　画面に収まらないような大きな表をスクロールすると「見出し」が見えなくなってしまい困ることがあります。

　スクロールしても画面に表示を残しておきたい行・列がある場合は、「**ウィンドウ枠の固定**」を活用します。

　スクロールさせてもよい場所で (スクロールさせたくない行と列の1つ内側で)、「表示」タブから「ウィンドウ枠の固定」→「ウィンドウ枠の固定」をクリックします (ショートカットキー Alt → W → F → F)。

　以後、スクロールしても指定の行・列は表示されたままになります。なお、この設定を有効にすると Ctrl + Home はデータ範囲の左上端へ移動するショートカットキーに変化します。

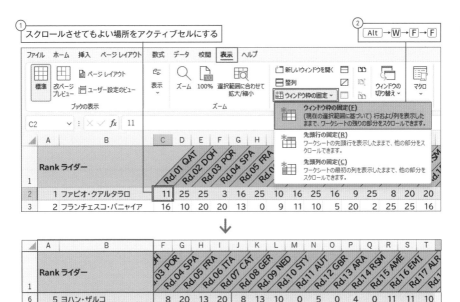

① スクロールさせてもよい場所をアクティブセルにする

② Alt → W → F → F

スクロールしても見出し（ここでは1行目とA・B列）は表示されたままになる

↓

column

Ctrl + End で右下端のセルに移動できない……を修正する

Ctrl + End は表（データ範囲）の右下端のセルにジャンプする便利なショートカットキーですが、この「右下端セル」とは「編集したセルの末端」を認識する仕様であるため、データ範囲外のセルを一度でも編集してしまうと、「求めるデータ範囲の右下端に移動してくれない（欄外にジャンプする）」という現象に遭遇することになります。

このような場合は、不要な行と列を選択して削除したうえでブック（ファイル）を上書き保存し（ Ctrl + S ）、一度ブックを閉じて開き直します。

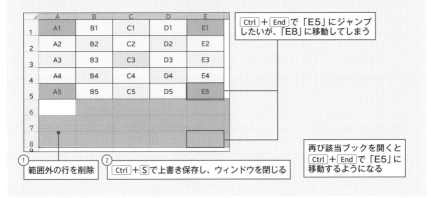

Ctrl + End で「E5」にジャンプしたいが、「E8」に移動してしまう

① 範囲外の行を削除

② Ctrl + S で上書き保存し、ウィンドウを閉じる

再び該当ブックを開くと Ctrl + End で「E5」に移動するようになる

07

Edit

セル編集のムダをなくす

なんとなく編集できてしまうセルですが、セル編集の基本を学び、ショートカットキーを活用すると、スムーズでムダのない操作を実現できます。

セルを編集する　[F2]

　セルに入力されている値や数式などを編集する際、マウスでセルをダブルクリックするのは手間です。**セルの編集は[F2]と指に覚えさせましょう。**

　[F2]を利用するだけで、確実にセルの編集を行うことができます。また、セル移動や範囲選択のショートカットキーと組み合わせることでスムーズな入力や編集を実現できます。

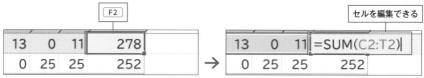

[F2]を入力すると該当セルを編集できる。単純な操作だが、マウスでダブルクリックする操作をやめるだけで、Excelがだいぶ使いやすくなり、また時短にもつながる。

セル内を自由自在に行き来する

　入力済みのセルで[F2]を押すと必ず文字列や数式の末端にカーソルが挿入されます。この特性を利用して、下表のようなカーソル移動のショートカットキーを利用すると効率的です。

　入力ミスなどを修正する際にはp.75で解説した再変換を利用し、また、日付を入力する際は[Ctrl]+[;]からカーソル移動で修正するなど、他所で解説したショートカットキーと組み合わせると効果的です。

▼セル内を移動する際に使えるショートカットキー

ショットカットキー	実行内容
[Home]	行頭へ移動
[End]	行末へ移動
[Ctrl]＋[Home]	文頭へ移動

ショットカットキー	実行内容
[Ctrl]＋[→]／[Ctrl]＋[←]	単語単位で移動
[Ctrl]＋[Shift]＋[→]／[Ctrl]＋[Shift]＋[←]	単語を選択
[Ctrl]＋[A]	全選択

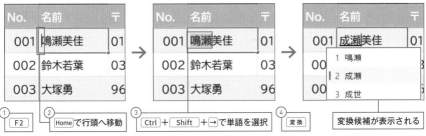

① F2 ② Homeで行頭へ移動 ③ Ctrl + Shift + →で単語を選択 ④ 変換 変換候補が表示される

セルに入力された名前が間違っているので、「鳴瀬（なるせ）」を「成瀬（なるせ）」に直したい。そんな場合は F2 でセルを編集モードにする。この後 Home で行頭にジャンプして、Ctrl + Shift + →を入力して「鳴瀬」を選択し、変換 を押せば再変換で修正可能だ。

セル内で改行して見やすくする　 Alt + Enter

　セル内で改行したい場合は、カーソル位置で Alt + Enter を入力します。セル内に長めの文字列を記入している場合に重宝します。

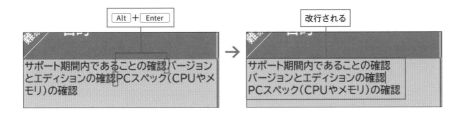

Alt + Enter　改行される

自動入力候補機能を活用する　 Alt + ↓

　Excelで、すでにセルに入力済みの文字列と同じ内容を別のセルに「再び入力しなければならない」という場面は意外と多いものです。例えば、同列にある「都道府県名」「所属部署」「商品名」などを別のセルにも繰り返し入力するようなケースですが、これらは「自動入力候補機能」を利用すれば簡単に入力できます。

　同じ内容を入力するには、対象のセルを選択した状態で Alt + ↓ を入力して、ドロップダウンリストから任意の文字列を選択します。

　この機能は積極的に活用しましょう。単に文字入力の手間を省けるだけでなく、大文字・小文字のゆれ・スペースの有無のゆれ・同音異義語のゆれなどの**「表記のゆれ」がなくなるというメリット**もあるためです。

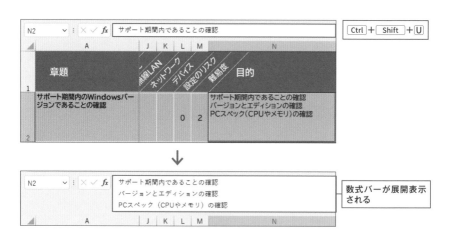

数式バーを拡大する　Ctrl + Shift + U

　セルの内容を確認・編集できる「数式バー」ですが、既定では1行しか表示されないため、セル内容が多い場合や改行がある場合は内容の一部しか表示されません。

　この「数式バー」の表示領域を広げたい場合は、Ctrl + Shift + Uを入力して展開表示にします。

memo　展開表示にした際の数式バーの行数を変更したい場合は、数式バー下部の境界でドラッグします。任意の行数に変更することができます。

セルの移動を理解する

セルで Enter を押すと直下のセル（下方向）に移動します。これは入力した後の次セルが既定では「下」に設定されているからです。右方向へは Tab で移動できます。

また上方向は Shift + Enter 、左方向は Shift + Tab という形で Shift を交えると通常とは逆の方向に移動できます。

セルを編集する際のカーソルキー → ← ↑ ↓ と差別化して操作できるという意味でも（セルの編集時のカーソルキーはセル内での移動になってしまう）、 Tab と Enter によるセルの移動は有効なワザです。

セルの移動とショートカットキー

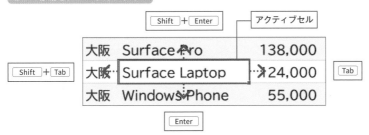

あらかじめ決めておいたセル範囲内のみを編集する

あらかじめ決めておいた範囲内のセルのみに値をサクサク入力していきたい場合は、範囲選択してから F2 で入力をはじめます。 Tab で右方向に移動できる他に、行末で Tab を押した場合は自動的に範囲選択内の次行に移動するので効率的です。

「表内の対象列のみ入力・編集したい」場面などで重宝するテクニックです。

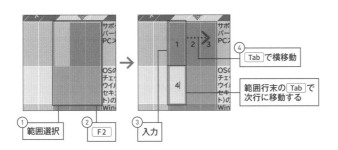

08

Batch Input

データ入力を一気に 終わらせるスゴいワザ

Excelには、複数のセルに一気にデータを入力する方法が用意されています。ここで紹介する方法を習得して、作業効率を高めましょう。

同じ値を一気に入力する

　同じ値を一気に入力したい場合は、**入力対象セルを範囲選択して、 F2 で任意の値や文字列を入力した後に、 Ctrl + Enter を入力します**。すると選択されているすべてのセルに同じ値が入力されます。

　全体に同じ値を入力してから任意に変更していく場合や、一括で数式を入力するなどの場面で超時短できます。

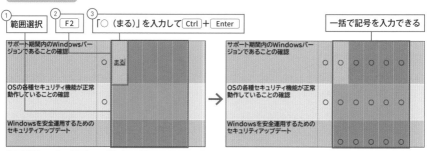

範囲選択した後で F2 から「○（まる）」を入力し、変換後のセル入力確定で Ctrl + Enter を入力すると、値や文字列を一気に入力できる。

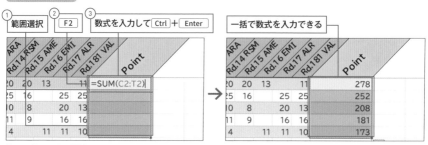

範囲選択した後で F2 から数式を入力し、 Ctrl + Enter を入力すると、選択範囲内に一気に数式を入力できる。フィルハンドルを利用してもよいが、ここで紹介しているワザも有効だ。

空白セルのみに「ゼロ」「未定」などを一気に入力する

　データの計算処理のためにすべての空欄セルに「0」（ゼロ）を入力しなければならない場合や、あるいは勤務のシフト表などで空欄になっているセルに一括で「未定」などと入力したい場合があります。

　この「表内の空白セルのみに同じ値を入力したい」という場合は、あらかじめ空白セルが存在する対象範囲を選択したうえで、「ホーム」タブから「検索と選択」→「条件を選択してジャンプ」をクリックして、「選択オプション」ダイアログで「空白セル」をチェックして「OK」をクリックします。

　すると表内の空白セルのみが選択されるため、後は任意の値や文字列を入力して Ctrl ＋ Enter で一発入力完了です。

空白セルへの一括入力

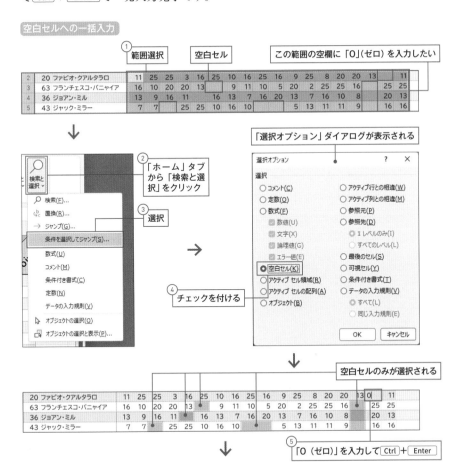

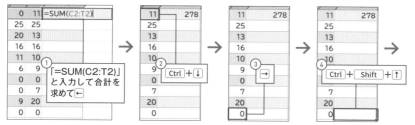

20 ファビオ・クアルタラロ	11	25	25	3	16	25	10	16	25	16	9	25	8	20	20	13	0	11
63 フランチェスコ・バニャイア	16	10	20	20	13	0	9	11	10	5	20	2	25	25	16	0	25	25
36 ジョアン・ミル	13	9	16	11	0	16	13	7	16	20	13	7	16	10	8	0	20	13
43 ジャック・ミラー	7	7	0	25	25	10	0	0	5	13	11	11	9	0	16	16		

空白セルのみが選択されるので、値（ここでは「0」（ゼロ））を入力して Ctrl + Enter で
一気に入力できる。機能とショートカットキーを組み合わせた超時短テクニックだ。

> 空白セルのすべてに
> 「0」が入力される

すでに入力されている値や数式をコピーする　Ctrl + D ／ Ctrl + R

　すでに入力されている値や数式をコピーしたい場合は、直上の値や数式（対象
の直下）であれば Ctrl + D、直左の値や数式（対象の直右）であれば Ctrl + R を
入力します。それぞれ、「下」はDownだから「D」、「右」はRightだから「R」と覚
えるとよいでしょう。

　特に数式を一気にコピーしたい際に便利なショートカットキーで、他のショート
カットキーと組み合わせることにより超時短を実現できます。

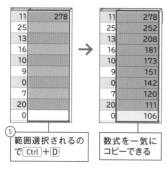

① 「=SUM(C2:T2)」と入力して合計を求めて←
② Ctrl + ↓
③ →
④ Ctrl + Shift + ↑

数式を入力して合計を求めた後、←→ Ctrl + ↓ → → Ctrl + Shift + ↑ と入力。なぜこんな遠回りの
操作をするのかといえば、表の末端を認識させたうえで範囲選択するためだ（数式を入力したセルで
Ctrl + ↓ を押すとExcelの末端行に移動してしまうため）。

⑤ 範囲選択されるので Ctrl + D

数式を一気にコピーできる

Ctrl + D を入力して選択範囲内に数式を
コピー。非常に簡単に合計結果を求めら
れる。左図ではわかりやすいように数行
しか存在しない表にしているが、これが
100行や1000行などの巨大な表になる
と、先に示したショートカットキーの効
果が発揮される。

形式を選択して貼り付ける　[Ctrl]＋[Alt]＋[V]

Excelのセルには「値」「数式」「書式」などさまざまなデータが入力されています。セルをコピー（[Ctrl]＋[C]）して貼り付ける際に**「何を貼り付けるのか」を選択したい場合は、[Ctrl]＋[V]ではなく[Ctrl]＋[Alt]＋[V]を入力します。**

「形式を選択して貼り付け」ダイアログが表示されるので、任意の要素を選択して貼り付けることができます。

ちなみに数式のコピーをよく利用するという場合は[Ctrl]＋[Alt]＋[V]→[F]→[Enter]、書式のみを貼り付けたい場合は[Ctrl]＋[Alt]＋[V]→[T]→[Enter]という形で、ダイアログ内に割り当てられているショートカットキーを利用すると、さらに素早く目的のコピーを実現できます。

`数式のみコピー`

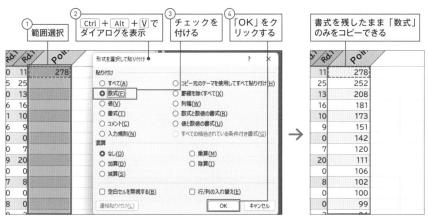

前ページで解説した[Ctrl]＋[D]では、書式もコピーされるため背景色が上書きされてしまう。一方、ここで解説する方法であれば、数式のみがコピーされる。

`column`

「値のコピー」と「数式のコピー」の違い

Excelのセルで「数式」を入力した場合、そのセルに表示されているのは計算結果です。対象セルをコピーして、「形式を選択して貼り付け」ダイアログ（[Ctrl]＋[Alt]＋[V]）において「セルに表示されている値をそのまま貼り付けたい」場合は、「値」を選択します。また「数式」を貼り付けたい場合は、「数式」を選択します。

Excelは数式によって結果を表示する仕組みであるため、表面上の値が必要なのか、あるいは数式が必要なのかを選択して貼り付けられるという意味でも「形式を選択して貼り付け」ダイアログの活用は非常に重要になります。

行と列を調整して
「作業しやすい表」にする

Excel作業を効率化するうえでは、表を「作業しやすい形」にしておくことがとても重要です。

行の高さと列の幅を自動調整する

行の高さや列の幅はマウスドラッグでも調整できますが、この方法はなかなか面倒ですし、うまく決まらないものです。**こんなときに活用したいのが書式設定の** Alt → H → O です。「行の高さの自動調整」は Alt → H → O → A 、「列の幅の自動調整」は Alt → H → O → I になります。

ちなみに、行の高さの自動調整では、同一行にある他セルの内容も考慮された高さに調整されます。

> セルを選択し、Alt → H → O → A

5	1	2	サポート期間内であることの確認 バージョンとエディションの確認 PCスペック(CPUやメモリ)の確認	「Windowsのバージョン」に着目して、サポート期間内のWindowsであることを確認しましょう。サポート期間内のOSのみセキュリティアップデートが適用
			OSのセキュリティ機能全般の正常動作	「Windowsセキュリティ(セキュリティの概要)」で

> 行の高さを自動調整できる ／ 同一行にある他セルも考慮して自動調整される

5	1	2	サポート期間内であることの確認 バージョンとエディションの確認 PCスペック(CPUやメモリ)の確認	「Windowsのバージョン」に着目して、サポート期間内のWindowsであることを確認しましょう。サポート期間内のOSのみセキュリティアップデートが適用されることを考えても、セキュリティ対策における最重要チェック項目の一つになります。
			OSのセキュリティ機能全般の正常動作	「Windowsセキュリティ(セキュリティの概要)」で

> column

もう1つの自動調整

Excelでは、行番号や列名の境界線をダブルクリックすることでも行の高さや列の幅を自動調整できます。マウスポインターを行番号や列名の境界線上に移動すると右図のようなカーソル形状に変わります。この状態でダブルクリックすると、セルの内容に応じて行の高さや列の幅が自動調整されます。

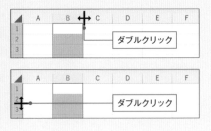

「作業しやすい表」と「行の高さ」の関係

Excelにおいて「見やすい表」は「作業しやすい表」であり、作業効率にも関わ
ります。

表の見やすさを決定づける要素にはさまざまなものがありますが、特に大切なのが「行の高さ」です。

前ページで「行の高さの自動調整」について解説しましたが、この調整はあく
までもセル内に文字を収めることを考慮しただけのものなので、表のスタイルに
よっては行の高さが狭すぎます。

「行の高さ」を調整したい場合は、Alt →H→O→Hで任意の数値で行の高さを
指定します。なお、数値指定なのでややわかりにくいと思いますが、行の高さが
少し足りないと考えるのであれば**「現在の数値を目安に1.5倍する」**といった考えで
数値を指定するとスマートに目的の高さに調整できます。

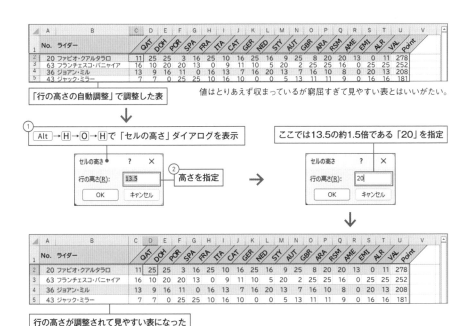

「行の高さの自動調整」で調整した表

値はとりあえず収まっているが窮屈すぎて見やすい表とはいいがたい。

① Alt →H→O→Hで「セルの高さ」ダイアログを表示

ここでは13.5の約1.5倍である「20」を指定

② 高さを指定

行の高さが調整されて見やすい表になった

▼行の高さ・列の幅の調整のショートカットキー

ショットカットキー	実行内容
Alt →H→O→A	行の高さの自動調整
Alt →H→O→H	行の高さ（数値指定）

ショットカットキー	実行内容
Alt →H→O→I	列の幅の自動調整
Alt →H→O→W	列の幅（数値指定）

行全体、列全体を選択する

行全体や列全体の選択したい場合は、「行番号」や「列番号」をクリックします。また複数行や複数列を選択したい場合は、「行番号」や「列番号」をドラッグして範囲指定するのが基本です。

また、任意の行や列を複数選択したい場合は Ctrl ＋クリック、範囲選択したい場合は Shift ＋クリックします。

なお、ショートカットキーも用意されており、「行選択」は Shift ＋スペースキー、「列選択」は Ctrl ＋スペースキーで可能で、あらかじめ複数のセルを選択しておけばその範囲に応じて一発で行選択や列選択を行うことも可能です。

ただし、このショートカットキーはセルを編集していない状態で、かつ日本語入力オフでなければならないなどの制限があるため、マウス操作を基本としてもよいでしょう。

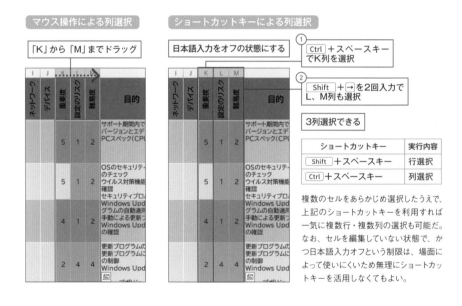

複数のセルをあらかじめ選択したうえで、上記のショートカットキーを利用すれば一気に複数行・複数列の選択も可能だ。なお、セルを編集していない状態で、かつ日本語入力オフという制限は、場面によって使いにくいため無理にショートカットキーを活用しなくてもよい。

行や列を挿入する　　Ctrl ＋ Shift ＋ ;

行挿入や列挿入は Ctrl ＋ Shift ＋ ; （セミコロン）で実行できます。 「挿入」ダイアログが表示されるので、「行全体」あるいは「列全体」を選択して行や列を挿入できます。

行や列を挿入するまでの一連の操作を一気に実行することも可能です。アクティブセルを軸にして手前に1行挿入したい場合は `Ctrl` ＋ `Shift` ＋ `;`→`R`→`Enter`、手前に1列挿入したい場合は `Ctrl` ＋ `Shift` ＋ `;`→`C`→`Enter` を入力します。

ショートカットキーが多いので覚えるのは大変ですが、慣れてしまえばこの操作も「事前に行番号・列番号を選択しておく」というムダな手順がなくなるので作業がスムーズになります。

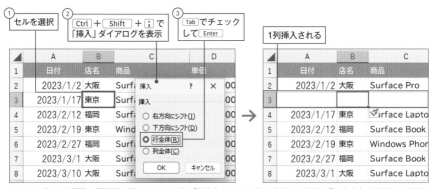

アクティブセルで `Ctrl` ＋ `Shift` ＋ `;` を入力すれば、「挿入」ダイアログから任意に行挿入（「行全体」を選択）や列挿入（「列全体」を選択）を行える。なお、「テーブル」（第3章14節参照）を適用している場合は「挿入」ダイアログは表示されず、デザインにしたがって自動的に行挿入・列挿入が実行される。

▼行や列の挿入のショートカットキー

ショートカットキー	実行内容
`Ctrl` ＋ `Shift` ＋ `;`	「挿入」ダイアログの表示
`Ctrl` ＋ `Shift` ＋ `;`→`R`→`Enter`	手前に1行挿入
`Ctrl` ＋ `Shift` ＋ `;`→`C`→`Enter`	手前に1列挿入

複数行や複数列を瞬時に挿入する　`Ctrl` ＋ `Shift` ＋ `;`

複数行あるいは複数列を挿入したい場合は、**あらかじめ「複数行選択」あるいは「複数列選択」をしたうえで** `Ctrl` ＋ `Shift` ＋ `;` **を入力します**。すると、一発挿入できます。先に解説した「挿入」ダイアログは表示されません。

ショートカットキーを組み合わせるのであれば、日本語入力オフの状態で `Shift` ＋スペースキー→ `Shift` ＋ `↓`（挿入したい行数分）→ `Ctrl` ＋ `Shift` ＋ `;` で任意の行数を挿入できます。

① 複数行選択（ここでは3行）　② `Ctrl` ＋ `Shift` ＋ `;`　　　　　3行挿入される

6	5 ヨハン・ザルコ	20	20	0	8	20
7	33 ブラッド・ビンダー	2	8	11	0	3
8	93 マルク・マルケス	0	0	9	7	0
9	41 アレイシ・エスパルガロ	9	6	10	10	0
10	89 ホルヘ・マルティン	1	16	0	0	0
11	12 マーベリック・ビニャーレ	25	11	5	9	0
12	23 エネア・バスティアニーニ	6	5	7	0	2

→

6	5 ヨハン・ザルコ	20	20	0	8	20
7	33 ブラッド・ビンダー	2	8	11	0	3
8						
9						
10						
11	93 マルク・マルケス		0	0	9	7	0
12	41 アレイシ・エスパルガロ	9	6	10	10	0

複数行選択（`Shift` ＋スペースキー→ `Shift` ＋↓）してから `Ctrl` ＋ `Shift` ＋ `;` を入力すれば任意の行数を挿入することができる。なお、このショートカットキーは日本語入力オフでなければ入力できない点に注意だ。

▼複数行や複数列を挿入するショートカットキー

ショートカットキー	実行内容
`Shift` ＋スペースキー→ `Shift` ＋↓（挿入したい行数分）→ `Ctrl` ＋ `Shift` ＋ `;`	選択行数を挿入
`Ctrl` ＋スペースキー→ `Shift` ＋→（挿入したい列数分）→ `Ctrl` ＋ `Shift` ＋ `;`	選択列数を挿入

不要な行や列は「グループ化」で非表示にする

　さまざまな要素を含んだ巨大な表を眺めやすくするために、「必要な行や列だけ表示したい」という場面があります。

　そのようなときに便利なのが「グループ化」です。**任意の行や列を選択して「グループ化」することで、それらの行や列を折りたたんだ状態で非表示にできます。その結果、必要な行や列のみを表示できます。**

　例えば、任意の「列範囲」を折りたたみたい場合は、列を選択した状態で「データ」タブから「グループ化」をクリックします。

　下の解説図であれば、「F列からW列」（Rd.01～18）を選択して「グループ化」すると、以後、① あるいは ━ をクリックすることで「No.」「Rider」「Bike」「Point」のみを表示でき、② あるいは ＋ をクリックすることで、折りたたんだ「Rd.01～18」を表示できます。

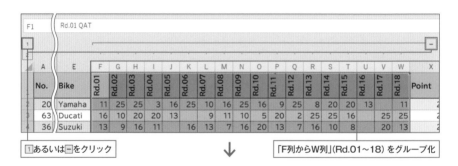

① あるいは ━ をクリック　↓　「F列からW列」（Rd.01～18）をグループ化

| B2 | ▼ | ： | × | ✓ | fx | Fabio Quartararo |

	A	B	E	X	Y	Z	AA	AB	AC	AD	AE
1	No.	Rider	Bike	Point							
2	20	Fabio Quartararo	Yamaha	278							
3	63	Francesco Bagnaia	Ducati	252							
4	36	Joan Mir	Suzuki	208							

2 あるいは + をクリックすれば折りたたみを解除できる ｜ 折りたたんで表示できる

表全体を一気に整えることができるショートカットキーの組み合わせ

筆者はExcelで作業する際には、最初に複数のショートカットキーを使って表全体を整えてしまいます。具体的には次の4つのショートカットキーを実行します。

（1）Ctrl＋A（表全体を選択、データが入力されている場合は2回入力）

（2）Alt→H→F→F→［フォント選択］→Enter（表全体のフォントを設定）

（3）Alt→H→O→H→[行の高さ入力]→Enter（表全体の行の高さを設定）

（4）Alt→H→A→M（上下中央揃え）

これらの一連の操作を行って最初から表を整えてしまえば、随所で書式設定する手間が省けます。

表全体のフォントや行の高さをショートカットキーで設定する

行や列の幅を「センチメートル」で指定したい！

行や列の幅を「cm（センチメートル）」で指定したい場合は、Alt→W→Pで「ページレイアウト」ビューにしてから、行の高さはAlt→H→O→H、列の幅はAlt→H→O→Wで指定しましょう。

ただし、この「ページレイアウト」ビューでは、ウィンドウ枠の固定が使用できない（解除される）などのいくつかの制限があるので、あまりお勧めはしません。

「cm」（センチメートル）で指定できる

10 Format 「表示形式」を極めよう

「表示形式」をマスターすれば、手間をかけずに桁区切り・単位表示・元号表示などを設定でき、さまざまな種類のデータを望む形で扱うことができます。

「表示形式」を一発で切り替える

「表示形式」は「セルの書式設定」ダイアログで任意に設定できますが、**主要なものには`Ctrl`＋`Shift`＋〜というショートカットキーが割り当てられています。**

桁区切りの`Ctrl`＋`Shift`＋`1`と通貨の`Ctrl`＋`Shift`＋`4`は覚えておくとサクッと目的の表示形式に変更できて便利です（その他の詳細については下表参照）。

なお、表示形式の切り替えは`Alt`→`H`→`N`→`↓`のドロップダウンから選択することもできます。この方法もわかりやすくてお勧めです。

ショートカットキーの活用例

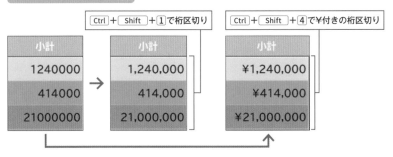

表示形式の変更（ドロップダウンから選択する）

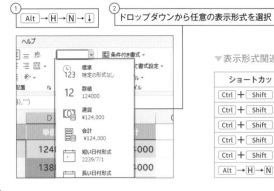

① `Alt`→`H`→`N`→`↓`　② ドロップダウンから任意の表示形式を選択

▼表示形式関連のショートカットキー

ショートカットキー	表示形式
`Ctrl`＋`Shift`＋`1`	桁区切り
`Ctrl`＋`Shift`＋`^`	標準（表示形式）
`Ctrl`＋`Shift`＋`4`	通貨（表示形式）
`Ctrl`＋`Shift`＋`5`	パーセンテージ（表示形式）
`Ctrl`＋`Shift`＋`3`	日付（表示形式）
`Alt`→`H`→`N`	「表示形式」の任意選択

表示形式で前後に文字を付加したい

通貨において「～円」などと表示したい、あるいは名前に「～様」などを付けたいなど、「値の前後に任意の文字を置きたい」という場合は、「セルの書式設定」ダイアログ（[Ctrl]＋[1]）の「表示形式」タブ内にある「分類」から「ユーザー定義」を選択して、「種類」欄で任意の表示形式にカスタマイズします（以後、「ユーザー定義」）。

例えば、**「～円」としたい場合は、「ユーザー定義」に「#,###"円"」**と記述すれば目的を満たすことができます。書式記号「#」は1桁の数字を表示しますが、「#」は値が存在しない場合に非表示になる仕様です。「0円」もきちんと表示したい場合は、「ユーザー定義」に「#,##0"円"」と記述します。

書式記号「@」は文字列を表示するので、**名前を入力したセルで「～様」と表示したい場合は、「ユーザー定義」に「@"様"」**という形で、付加したい文字をダブルクオーテーションで囲んで記述します。

「円」を付ける

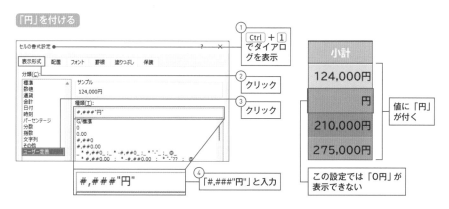

「円」を付けて「0円」を表示する

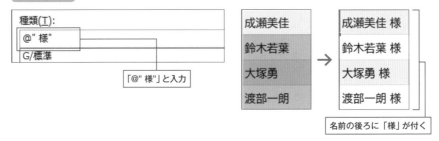

ユーザー定義で「小数第○位」「色」「マイナスでの表示」を設定したい

Excelでの数値表示を追求していくと、「小数第○位まで表示したい」「プラスの値は青で、マイナスの値は赤で表示したい」など、より要求が高くなりますが、このような表示も**「ユーザー定義」ですべて解決できます**。

例えば、「小数第2位までゼロを含めて表示、プラスの値は青字、マイナスの値は頭文字が▲で赤字」としたい場合は、「ユーザー定義」で「[青]#,##0.00；[赤]"▲"#,##0.00」と指定します（下図参照）。

ユーザー定義の詳細

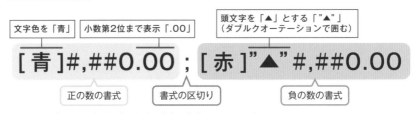

※色指定は「[黒][青][水][緑][紫][赤][白][黄]」を指定することが可能。

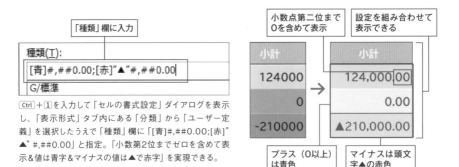

Ctrl+1を入力して「セルの書式設定」ダイアログを表示し、「表示形式」タブ内にある「分類」から「ユーザー定義」を選択したうえで「種類」欄に「[青]#,##0.00;[赤]"▲"#,##0.00」と指定。「小数第2位までゼロを含めて表示&値は青字&マイナスの値は▲で赤字」を実現できる。

「001」「012」のように数字の桁数を揃えたい

「001、002、…010、011、…099」という形で、数値の前にゼロを置いて3桁に揃えることも簡単です。「ユーザー定義」で「000」と記述します。

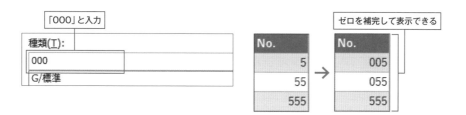

日付の桁数を揃えたい／日付を和暦にしたい

日付といえば「2023/3/5」などと表示するのが基本ですが、右揃えしたときに桁を揃えるために「2022/03/05」と表示したい場合は、「ユーザー定義」で「yyyy/mm/dd」と記述します。**「mm」「dd」の部分がいわゆる桁揃えの部分であり、2桁に満たない月や日に対して「0」を補完してくれます。**

ちなみに、日付を「年・月・日」と表記したい場合は、「yyyy"年"m"月"d"日"」になり、さらに「昭和・平成・令和」などの元号にしたい場合は、「ggge"年"m"月""d"日"」とします。ダブルクオーテーション（"[文字列]"）では任意の文字列を表示できます。y/m/dなどの各変数の意味は下表のようになります。

▼日付の書式記号（2023/3/5の例）

入力	表示		入力	表示		入力	表示
yyyy	2023（西暦）		ee	05（和暦）		dd	05（日）
yy	23（西暦）		e	5（和暦）		d	5（日）
ggg	令和（元号）		mm	03（月）		aaaa	金曜日（曜日）
gg	令（元号）		m	3（月）		aaa	金（曜日）
g	R（令和：R、平成：H、昭和：S）						

「見やすい表」を実現する
フォント・配置・色使いのルール

11
Arrange

Excelでは「見やすい表」にすることを前提にフォント・配置・配色を指定します。あまりいじりすぎないのがコツです。

「文字の配置」（横位置・縦位置）をサクサク指定する

セル内での文字の配置を整えたい場合は、<kbd>Alt</kbd>→<kbd>H</kbd>→<kbd>A</kbd>を覚えるだけでOKです。このショートカットキーに続けて、「上詰め」はTopの「T」、「下詰め」はBottomの「B」のように入力すれば素早くセル内の文字の配置を整えることができます（下表参照）。

ビジネス環境によっても異なりますが、**表全体は「上下中央揃え」でかつ、文字は「左揃え」、数字は「右揃え」が基本になります。**

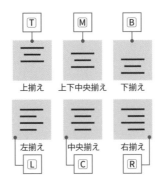

▼セル内での配置

ショートカットキー	実行内容
<kbd>Alt</kbd>→<kbd>H</kbd>→<kbd>A</kbd>→<kbd>T</kbd>	上揃え（Top）
<kbd>Alt</kbd>→<kbd>H</kbd>→<kbd>A</kbd>→<kbd>M</kbd>	上下中央揃え（Middle）
<kbd>Alt</kbd>→<kbd>H</kbd>→<kbd>A</kbd>→<kbd>B</kbd>	下揃え（Bottom）

ショートカットキー	実行内容
<kbd>Alt</kbd>→<kbd>H</kbd>→<kbd>A</kbd>→<kbd>L</kbd>	左揃え（Left）
<kbd>Alt</kbd>→<kbd>H</kbd>→<kbd>A</kbd>→<kbd>C</kbd>	中央揃え（Center）
<kbd>Alt</kbd>→<kbd>H</kbd>→<kbd>A</kbd>→<kbd>R</kbd>	右揃え（Right）

<kbd>Alt</kbd>→<kbd>H</kbd>→<kbd>A</kbd>に続いて、配置位置を表す英単語の頭文字を入力すれば簡単にセル内の配置を整えられる。なお、このショートカットキーはExcel 2021の更新で改定され使いやすくなった（旧Excelでは一部のショートカットキーが異なる）。

セルを結合しないで複数のセルをまたいでセンタリングする

「セルの結合」は基本的に利用してはいけません。 セルをまたいで文字をセンタリングしたい場合は、セルを横一列に選択したうえで[Ctrl]＋[1]を入力して、「セルの書式設定」ダイアログの「配置」タブ内にある「横位置」のドロップダウンから「選択範囲内で中央」を選択します。以後、簡単かつ、セルを結合せずに文字列をセンタリングすることができます。

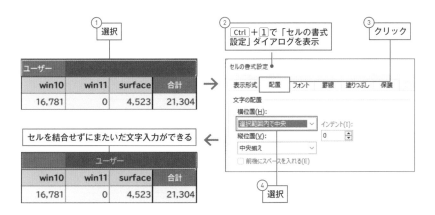

なお、グループ化（p.126参照）した場合、「選択範囲内で中央」では見出しを表示できませんが、「セルの結合」であれば見出しを表示できるため（下図参照）、例外的に「セルの結合」を利用したほうがよいケースもあります。

`グループ化した場合`

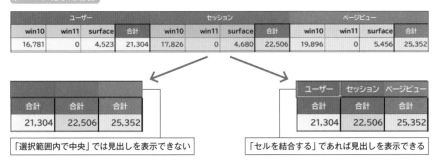

セルを塗りつぶす　[Alt]→[H]→[H]

　セルの塗りつぶし（セルの背景色）を設定したい場合は、セルを範囲選択した状態で、[Alt]→[H]→[H]を入力し一覧から素早く指定します。セルの塗りつぶしは「見やすさ」を踏まえて薄い色を選択し、表全体では3色以上使わないことを心がけます。そうすることで、まとまった印象の見やすい表になります。また、1行おきに背景色を設定すると表全体が見やすく引き締まります（p.143参照）。

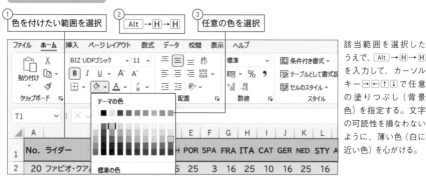

該当範囲を選択したうえで、[Alt]→[H]→[H]を入力して、カーソルキー→←↑↓で任意の塗りつぶし（背景色）を指定する。文字の可読性を損なわないように、薄い色（白に近い色）を心がける。

「見出しの配置」を追求する

　Excelの表は「セルを編集する」という特性上、**「表そのものが見やすい」ことが結果的に編集や確認作業の時短につながります。**表の種類にもよりますが、例えば「見出し」が長い文字列であるにも関わらず、データには数文字しか入力しないなどの場合は「斜め45度」や「縮小して全体を表示する」を活用します。

　双方とも「セルの書式設定」ダイアログの「配置」タブで設定できます。

見出しを斜めに表示する

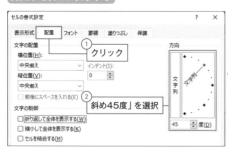

「セルの書式設定」ダイアログの「配置」タブで、見出し列の方向を「斜め45度」に設定。見出し文字列が長いがデータは横幅をとらない場合などに活用する。

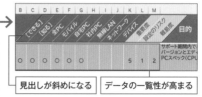

「読みやすい文字」を追求する

　対象セルに素早くフォント（書体）・サイズ・色を指定したい場合は Alt → H → F です。よく利用する場合は指に覚えさせてしまいましょう。

　「フォント（書体）」はFontの「F」、「フォントサイズ」はSizeの「S」、「フォントの色」はColorの「C」という形で、下表のようなショートカットキーで素早く設定できます。

　ちなみに、ちょっと慣れないと難しいのですが、Alt → H → F → F を用いたフォント指定は ↓ で一覧表示したのち、↓ で次々とフォントを切り替えて実表上で表示を確認できるので、フォントを決定して確認してまた変更……という操作のムダをなくすことができます。

　注意したいのは、**表内のフォント・サイズ・色の種類が多ければ多いほど表は醜く＆見にくくなる**という事実です。

　「見出し」を除いて、フォント全般は「統一感」を重視します。

データセルにおける各フォントの違い

BIZ UDPゴシック ▽		20 ファビオ・クアルタラロ	11	25
		63 フランチェスコ・バニャイア	16	10
		36 ジョアン・ミル	13	9
		43 ジャック・ミラー	7	7

ＭＳ Ｐゴシック ▽		20 ファビオ・クアルタラロ	11	25
		63 フランチェスコ・バニャイア	16	10
		36 ジョアン・ミル	13	9
		43 ジャック・ミラー	7	7

ＭＳ Ｐ明朝 ▽		20 ファビオ・クアルタラロ	11	25
		63 フランチェスコ・バニャイア	16	10
		36 ジョアン・ミル	13	9
		43 ジャック・ミラー	7	7

基本的に「Excel上での見やすさ＆操作しやすさ」を重視してフォントとサイズを決定する。表全体のフォントを変更したい場合は「Excelのオプション」ダイアログで変更してもよいが、Ctrl ＋ A で全体を選択した後に Alt → H → F → F → カーソルキー ↑ ↓ でフォントを指定してもよい。指定したフォントでの表の状態を確認しながら選択できるのがポイントだ。

▼フォント・サイズ・色のショートカットキー

ショートカットキー	実行内容
Alt → H → F → F	フォント（書体）
Alt → H → F → S	フォントサイズ
Alt → H → F → C	フォントの色
Alt → H → F → N	セルの書式設定（「フォント」タブ）

Excelで利用するフォント（書体）の選択

　Excelの既定のフォントは「遊ゴシック」ですが、このフォントは意外と好みが分かれます。以前のExcelでは「MS Pゴシック」が利用されていたためMS Pゴシックがよいという人もいれば、日本語フォントをMS Pゴシック、英語フォントを「Arial」にするという人もいます（Wordと違いExcelでは日本語フォントと英語フォントを個々に指定できないが、「Arial」を指定することで英語フォントを「Arial」、日本語フォントを「MS Pゴシック」にできる）。あるいはExcelでは大切な数字を扱うため、フォーマルな明朝体が好ましいという人もいます。

　正直、フォントの選択は「自由」です。これでなければならないというものはありません。好みのものを利用すればよく、統一感と互換性が大切です（特に人に渡すデータは配慮）。見やすくて無難なものは「遊ゴシック」「MS Pゴシック」になります。

　なお、Excelで新しいブックの既定のフォントを変更したい場合は、Alt →F→Tと入力して、「Excelのオプション」ダイアログの左欄で「全般」を選択して、「次を既定フォントとして使用」から任意のフォントを選択します。

BIZ UDP ゴシック

63 フランチェスコ・バニャイア	16	10	20	20	13
36 ジョアン・ミル	13	9	16	11	0
43 ジャック・ミラー	7	7	0	25	25

BIZ UD ゴシック

63 フランチェスコ・バニャイア	16	10	20	20	13
36 ジョアン・ミル	13	9	16	11	0
43 ジャック・ミラー	7	7	0	25	25

Arial

63 フランチェスコ・バニャイア	16	10	20	20	13
36 ジョアン・ミル	13	9	16	11	0
43 ジャック・ミラー	7	7	0	25	25

遊ゴシック

63 フランチェスコ・バニャイア	16	10	20	20	13
36 ジョアン・ミル	13	9	16	11	0
43 ジャック・ミラー	7	7	0	25	25

MS P明朝

63 フランチェスコ・バニャイア	16	10	20	20	13
36 ジョアン・ミル	13	9	16	11	0
43 ジャック・ミラー	7	7	0	25	25

Century

63 フランチェスコ・バニャイア	16	10	20	20	13
36 ジョアン・ミル	13	9	16	11	0
43 ジャック・ミラー	7	7	0	25	25

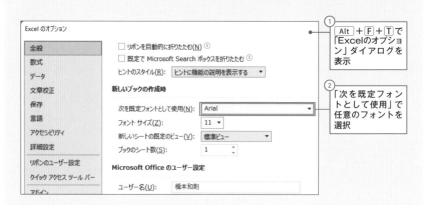

① Alt + F + Tで「Excelのオプション」ダイアログを表示

② 「次を既定フォントとして使用」で任意のフォントを選択

12

Ruled Line

罫線を自由自在に引く方法

Excelでは「罫線はなるべく引かない」が基本です。引くのであれば見やすさと目的を持って必要最低限にします。

罫線（けいせん）を思い通りに引くショートカットキー

Excelでは**罫線を引くショートカットキーは Alt → H → B と覚えます**。これだけで、簡単に罫線を引くことができます。

一般的な表で罫線を引くのであれば、「内枠の格子は細く・外枠は太く」になります。整った表であれば Ctrl + A で全選択して、Alt → H → B → A で格子を引き、そのまま Alt → H → B → T で外枠の太線を引きで完了です。

なお、無理に覚えなくても Alt → H → B で罫線の位置や種類を一覧から選択して引くこともできます。

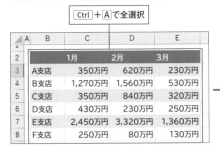

内枠の格子は細く・外枠は太くする

Ctrl + A で全選択

Alt → H → B → A：格子

Alt → H → B → T：外枠は太線

見出しに「上細・下太」の罫線を引く

Alt → H → B → C

No.	名前	〒	住所	電話番号	メールアドレス
1	成瀬美佳	014-0045	秋田県大仙市大曲若葉町	070-4***-**05	sss@xxx.jp
2	鈴木若葉	036-8314	青森県弘前市町田	090-6***-**65	ddd@xxx.jp

見出しセルなどで「上罫線＋下太罫線」を引きたい場合は、見出しセルの開始位置から Ctrl + Shift + → を入力。Alt → H → B → C で、一発で引くことができる。Alt → H → A → M で上下中央揃えにしたうえで、Alt → H → O → H で行の高さを任意に指定すれば見やすい見出しの完成だ。

セルの書式設定で罫線を引く

　表の形や種類によっては、選択範囲で Ctrl + 1 を入力して、「セルの書式設定」ダイアログの「罫線」タブで任意に罫線を指定したほうがわかりやすいでしょう。**「線スタイル」や「色」などもダイアログで一括設定できます。**

　なお、「セルの書式設定」ダイアログの「罫線」タブでは、 Alt を交えたショートカットキーが可能です（下図参照）。例えば、線スタイルにしたがった外枠を引きたい場合は Alt + O 、中線を引きたい場合は Alt + H という形です。

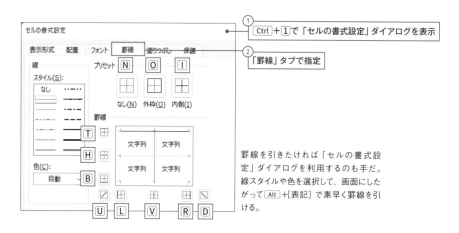

① Ctrl + 1 で「セルの書式設定」ダイアログを表示
② 「罫線」タブで指定

罫線を引きたければ「セルの書式設定」ダイアログを利用するのも手だ。線スタイルや色を選択して、画面にしたがって Alt +[表記] で素早く罫線を引ける。

「目盛線」を消す

　セルとセルの間にある線は「目盛線」であり印刷されない線です。目盛線はExcelの一般操作では必要である反面、適切に罫線を引いた表では「引いていない罫線が表示されている」という状態になり、わかりにくい場合があります（特に印刷物となる表）。

　「目盛線」を消したい場合は Alt → W → V → G （「表示」タブから「目盛線」のチェックを外す）を入力します。

　ちなみに、消した「目盛線」の再表示も同じショートカットキーになります。

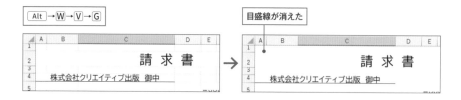

Alt → W → V → G

目盛線が消えた

印刷プレビューで罫線や塗りつぶしを確認する　Ctrl ＋ P

表の罫線や塗りつぶしを明確に確認したい場合は、「印刷プレビュー」を利用します。

印刷プレビューは Ctrl ＋ P で表示できます。実際に印刷した状態を確認したい場合は紙に印刷してしまうのもありですが、「プリンター」欄から「Microsoft Print to PDF」を選択して、PDFファイルとして出力することでも印刷状態を確認できます。

また提出書類などにおいて相手が白黒印刷（白黒レーザープリンターやFAX送信など）を用いることが想定される場合は、「プリンター」欄から「Fax」を選択して白黒にするとどのように見えるかをプレビューで確認するとよいでしょう。

PDFファイルとして印刷

① Ctrl ＋ P で印刷プレビューを表示

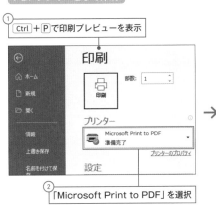

② 「Microsoft Print to PDF」を選択

PDFファイルになる

Ctrl ＋ P を入力して印刷プレビューで表の様子を確認。もちろんそのまま印刷することもでき、プリンターから「Microsoft Print to PDF」を選択すればPDFファイルを出力可能だ。

白黒表示の裏ワザ

① Ctrl ＋ P で印刷プレビューを表示

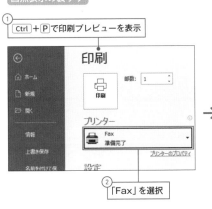

② 「Fax」を選択

白黒状態を確認できる

提出するブックは相手によっては「白黒印刷」の状態も確認したほうがよい。プリンターから「Fax」を指定すれば非カラーでの確認が可能だ。

13 | オートフィルの賢い使い方

Autofill

規則性にしたがって値や数式を自動入力できるオートフィルを活用すれば、
作業効率を劇的に改善できます。

オートフィルの特性を把握しよう

フィルハンドルをドラッグすると、セルの内容にしたがって自動的に連続入力が行えます。一般的な操作では「セルを2つ選択してからフィルハンドルをドラッグする」という操作を行います。

例えば、「2」だけをフィルハンドルでドラッグしても「2」の連続入力になりますが、「2」「4」と入力されたセルを選択してからフィルハンドルをドラッグすると「6・8・10…」という形で連続入力できます。

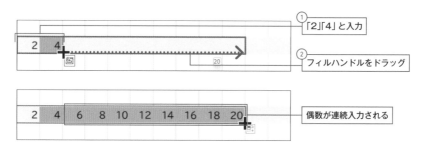

① 「2」「4」と入力

② フィルハンドルをドラッグ

偶数が連続入力される

ちなみに、「子」と入力したセルのフィルハンドルをドラッグすると、単一セルであるにもかかわらず「丑・寅・卯…」になりますが、これはあらかじめ「**連続データ入力リスト**」が登録されているからです。

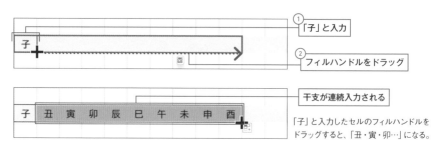

① 「子」と入力

② フィルハンドルをドラッグ

干支が連続入力される

「子」と入力したセルのフィルハンドルを
ドラッグすると、「丑・寅・卯…」になる。

　連続データ入力リストの内容を確認したい場合は、[Alt]→[F]→[T]と入力して、「Excelのオプション」ダイアログの左欄で「詳細設定」を選択して、「全般」欄内の「ユーザー設定リストの編集」をクリックします。

みなさんの業界に特有の連続データ入力が必要な場合は、ここでオリジナルの連続データを追加しておくと時短になります。

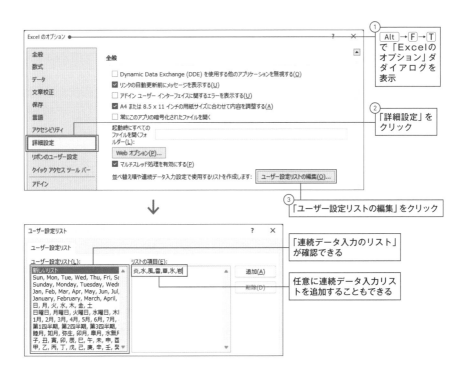

① [Alt]→[F]→[T]で「Excelのオプション」ダイアログを表示

② 「詳細設定」をクリック

③ 「ユーザー設定リストの編集」をクリック

「連続データ入力のリスト」が確認できる

任意に連続データ入力リストを追加することもできる

オートフィルによる週単位・月単位の連続入力

　日付＋曜日を連続入力する際、土日を除きたい場合はどうすればよいでしょうか？　フィルハンドルをドラッグすると月曜日～日曜日の繰り返しのデータが入力されてしまいますが、マウスの右ボタンでドラッグして、ショートカットメニューから「連続データ（週日単位）」を入力すれば、土日を除いた平日のみの日付＋曜日の連続入力が可能になります。

　その他にも、「連続データ（月単位）」を選択すれば該当日の翌月を連続入力できるなど、**フィルハンドルの右ドラッグを活用すると柔軟な連続入力が可能です。**

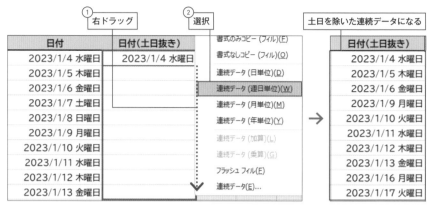

通常のフィルハンドルのドラッグでは「プラス1日」になっているが、フィルハンドルを右ドラッグであれば土日を除いた連続データを入力できる。なお、上図は表示形式を「yyyy/m/d aaaa」にして、日付＋曜日を表示している。

▼フィルハンドルの右ドラッグ

項目	実行内容		項目	実行内容
連続データ（日単位）	連続する日付		連続データ（月単位）	毎月の同日
連続データ（週日単位）	土日を除いた連続する日付		連続データ（年単位）	毎年の同日

「フラッシュフィル」を使いこなそう

　苗字と名前を1つのセルに入力してしまったけれども、やっぱり別々のセルで管理したい……そんな場合に活用できるのが「**フラッシュフィル**」です。

　操作は簡単で、苗字＋名前のセルの隣に「苗字」を入力します。後は「苗字」を入力したセルの下で Ctrl + E を入力すれば完了です。

　フラッシュフィルは規則性を見抜く特性があるため、データの分割だけでなく、結合やハイフンを入れる／抜くなどの応用も可能です。そのため、フラッシュフィルを使いこなすことができれば、入力し直すムダを大幅に減らすことができます。

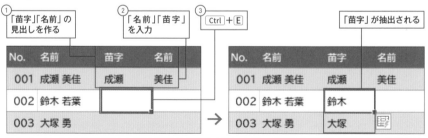

フラッシュフィルならば「苗字」と「名前」の分離も簡単にできる。ただし、「苗字」と「名前」の間にスペースが挟まれていない場合は完璧に処理できないこともある。

オートフィルの「書式のみコピー」を使った応用テクニック

Excelでは、セルに設定されている「書式」のみを他のセルにコピーすることができます。**書式とは、文字の配置やフォント（書体）、塗りつぶしの色、罫線といった、値以外の「装飾的な設定」です。**

ちょっとした応用操作になりますが、「1行おきにセルの塗りつぶし（背景色）」を適用したい場合は、「塗りつぶし適用行と非適用行の2行を選択」して、フィルハンドルを右ドラッグして、ショートカットメニューから「書式のみコピー（フィル）」を選択します。すると、簡単に塗りつぶしの設定のみを変更でき、見やすい表を作成できます。

ちなみに、書式が設定されているセルを範囲選択して、Ctrl + C し、書式を設定したいセルを範囲選択して Ctrl + Alt + V → T → Enter を入力することでも同様の操作が可能です。

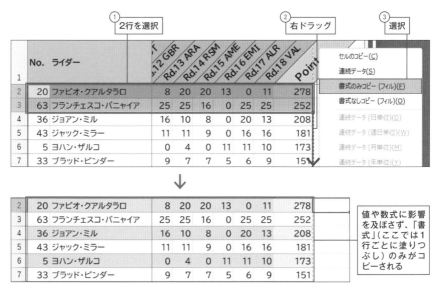

あらかじめ書式を設定した行を含む「2行」を選択してフィルハンドルを右ドラッグし、ショートカットメニューから「書式のみコピー（フィル）」を選択すれば、2行単位で書式を適用できる。

memo 「1行おきにセルの塗りつぶし」は表を見やすくできる反面、1行挿入してしまえばパターンが崩れてしまいます。なお、「テーブル」（次節参照）を活用すれば、このような後からの行の挿入にも対応できます。

表をテーブル化して超効率化を実現する

表を「テーブル化」すると、見やすいデザインが自動的に適用される他、行・列の追加、数式の連続入力、集計なども簡単に行うことができます。

表をテーブル化して作業を超効率化しよう

Excelはもともと表計算ソフトなので、数式や書式などを駆使して「計算」を行うことができます。さらにデータベース管理としても優れた側面を持ち、「テーブル化」するとデータの管理が劇的に改善されます。

表をテーブル化するメリットを、特徴的なものだけに絞ってピックアップしても、ざっと以下のようなものがあります。

- ・見やすいデザインが自動的に適用される
- ・テーブルデザインは一覧から簡単に変更できる
- ・行・列を追加した際に自動的にテーブル範囲が拡張する
- ・行・列を追加した際に既存フォーマットも拡張適用される
- ・数式入力時にフォーマットにしたがって他のセルにも自動適用される
- ・XLOOKUP関数／VLOOKUP関数などを利用時に「テーブル名」で参照できる（範囲指定がいらない）
- ・フィルターで条件一致表示なども簡単に適用できる

デメリットは、Excelの通常操作の一部が制限される（セルの結合やシートを複数の選択状態でコピーすることができない）ことや、一部の操作の結果が異なる（ Ctrl + Shift + ;で即行挿入になる）ことなどですが、一般的な利用方法であれば気になる制限ではありません。

ちなみにテーブル化して都合のよい部分（デザインなど）だけを残して、通常の表に戻すことも可能です（p.149参照）。

表をテーブルに変換する　 Ctrl + T

表のテーブル化は、整えられた表（先頭行が「見出し」で、データがいくつか入

力されている表）であれば、 Ctrl ＋ T を入力して「テーブルの作成」ダイアログを表示し、データ範囲が正しいことを確認したうえで Enter を押すだけで実行できます。

　一般的な表で見出しのデザインをしたり、1行おきに色分け（塗りつぶし）を行うことは大変ですが、テーブル化するとこれらが即適用されます。

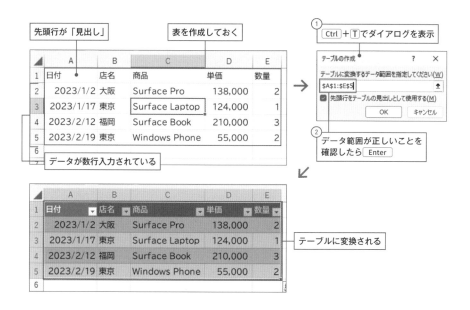

テーブルは自動的に拡張する

　見出しやデータがまだ不完全な表であっても、テーブル化して構いません。

　例えば下の解説画面では、見出しに「合計」列がありませんが、テーブル化した後で新しい見出しとして「合計」を追加すると自動的にテーブルが拡張されます。

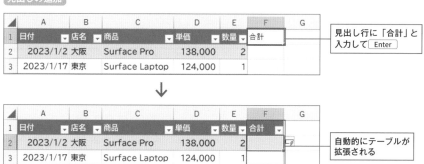

また、データ行を入力すると、自動的にテーブルが拡張されてフォーマットなども引き継がれます。

　通常の表のように、追加した見出し列やデータ行に対して表示形式や塗りつぶしなどを個別に適用するという手間がなくなるため、**大幅な時短になりますし、統一感のある表を作成できるのもポイントです。**

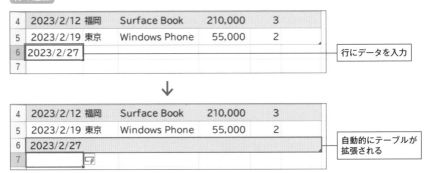

行にデータを入力

自動的にテーブルが拡張される

テーブル化すると数式も自動的に適用される

　一般的な表での数式入力では、例えば単価と数量を掛け算したい場合は「=D2*E2」などと入力しますが、**テーブルでは数式に「見出し名」をそのまま使うことができます。**下の解説画面であれば「=[@単価]*[@数量]」と指定できるのでわかりやすく、そして入力した数式は、他のセルにも自動適用されるのもポイントです。いちいち数式をドラッグしてコピーするといった手間を省けるだけでなく、適用範囲の選択ミスなどが防げるのもテーブルの特徴です。

　このように、引数における参照先がわかりやすく、行を追加した際にも数式が自動適用されるため超効率的です。

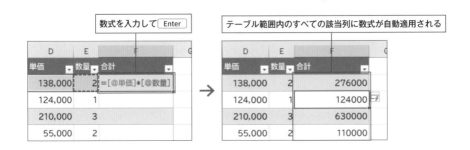

数式を入力して Enter

テーブル範囲内のすべての該当列に数式が自動適用される

テーブルの集計を簡単に行える「集計行」 Ctrl + Shift + T

　テーブルでは簡単に集計を行うことができます。**テーブル内のセルで Ctrl + Shift + T を入力することで、自動的に「集計行」が追加されます。**「集計行」では「▼」をクリックして、ドロップダウンから合計・平均・数値の個数・最大などの任意の項目を選択できます。

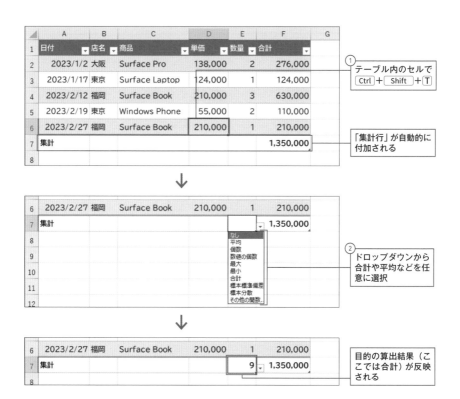

フィルターの活用テクニック

　テーブル化すると見出し行に「フィルター」が自動付加されます。フィルターを活用すれば条件に一致したデータ（「〜以上」や文字列一致）のみを抽出して表示することができます。

　ちなみに、「フィルター」を必要としない場合は、Ctrl + Shift + L を入力することで解除できます（再度追加する場合は同じショートカットキーを入力する）。

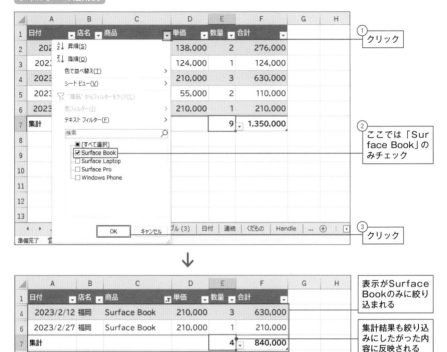

「フィルター」は Ctrl + Shift + L で表示／非表示を切り替えられる

テーブルのデザインを変更する

　テーブルのデザインを変更したい場合は、Alt → J → T → S（「テーブルデザイン」タブから「クイックスタイル」）で簡単に一覧から選択して変更することができます。

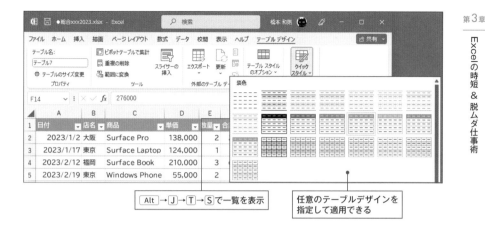

Alt → J → T → S で一覧を表示

任意のテーブルデザインを
指定して適用できる

テーブルを元の表に戻す

　テーブルは便利で機能的に優れる反面、一部の操作や機能に制限が発生します。テーブルを元の「標準の表」（標準の範囲）に戻したいという場合は、「テーブルデザイン」タブから「範囲に変換」をクリックして、「テーブルを標準の範囲に変換しますか？」で「はい」をクリックします。

　ちなみに、**テーブルを解除してもデザインは適用されたままになります**。この特性をうまく利用して、表のテーブル化→テーブルデザインを適用→テーブルを元の表に戻す（テーブルを標準の範囲に変換）という手順で、見やすく扱いやすい非テーブルの表を簡単かつ素早く完成させることができます。

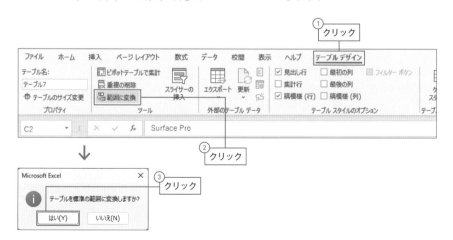

第4章

Outlookの
時短 & 脱ムダ仕事術

本書で「Outlook」と表記されている場合、Outlook 2021 などのアプリを示しています（Microsoftでは「Outlook」というサービスも存在する）。また、リボンコマンドが簡略化された関係で Alt を起点とするショートカットキーはOutlook 2021のみ対象とした記述になります。

メール（Outlook）は、全社会人に必須のビジネススキルです。デスクワークの人でメールを使っていない人はいないといっても過言ではありません。少ない人でも1日30分〜1時間、多い人では1日3〜4時間ほど、メールのやり取りに時間を使っています。そのため、**改善の余地は非常に大きい**といえます。

　メール作業の多くは「文字入力」であるため、本書の第2章の内容も重要ですが、それに加えて、**Outlookの便利機能を活用すれば、さらに時短でき、またムダな操作を減らすことができます。**

01　メール作業のムダをなくす

02　Outlook時短の最初の一歩は画面構成を理解すること

03　絶対にやるべき4つの初期設定

04　必要な情報は「ビュー」で確認する

05　マウスを使わずにメールを確認する方法

06　「分類」を活用すれば、大量のメールを楽々処理できる

07　必要なメールを秒で見つける方法

08　「仕分け」を徹底するとメールは最初から片付く

09　メール作成前に必ずやるべきOutlookの環境設定と確認

10　送受信を自由自在に操る

11　失敗しないメールアドレス指定

12　送信後の「しまった！」を取り消す方法

13　「フラグ」と「タスク」で返信漏れを未然に防ぐ

14　メール本文を「テンプレ化」する

15　「署名」の賢い使い方

メール作業のムダをなくす

メール作業にムダな手間をかけて、余計な時間を消費することはもうやめましょう。私たちにはメールの他にも、やるべき仕事がたくさんあるはずです。

時間を生み出すことができるメール

1日の仕事において、いったいどれだけの時間をメールに割いているかを計測したことはあるでしょうか?

筆者は数年前、3カ月間のメール作業時間を計測してみたところ、なんと**1日平均1時間弱も費やしていました**。3時間以上メール作業に費やしている日もあったことに驚き、落胆しました。

そう、**メール作業こそが仕事のボトルネックだったのです**。メールによって仕事のリズムが狂わされたことや、ちょっとした操作ミスでストレスを増幅させたことも少なくありません。だからこそ、メール作業はわかりやすい管理とスムーズな操作による最適化&効率化が必要なのです。

Outlookでのメール作業全般をもう一度見直し、機能や活用方法を学習すれば、**「就業時間内に時間を生み出す」**ことができ、その余裕ができた時間を仕事本来の根幹たる作業に充てることができます。

自動化&テンプレート化で未来のOutlook作業を時短する

Outlookの各機能を把握したうえでショートカットキーを活用すれば、メールの確認や返信という目の前の作業をある程度時短できます。

しかし、Outlookは他のアプリとは異なり、過去のメールを見返したり、同じようなメールを定期的に何社にも送信するなどの作業も多いため、**「将来の作業を想定して時短を追求する」**ことが大切になります。

例えば、以下のような事項です。

・受信メールを自動的に指定フォルダーに仕分ける (p.183参照)
・メールを自動的に「分類」(色分類) して、取引先ごとにメールを一覧化できるようにする (p.175参照)

- 後日返信しなければならないメールは「フラグ」で管理し、作業内容や返信を忘れないようにする（p.200参照）
- メールの定型文を「クイックパーツ」に登録しておき、お決まりの本文をいちいち入力することを避ける（p.204参照）
- 「請求書」「お礼」「定例会議」などの定期的なメールで使用する宛先・件名・メール本文は「テンプレートファイル化」しておくことで、メールの作成を超時短する（p.206参照）

本章で紹介するテクニックをここで記述していくときりがありませんが、「メールの仕分けを自動化する」「テンプレート化して文字入力を減らす」など、将来のメール作業を効率化する工夫こそが、Outlookを使いこなすキモといってよいでしょう。

分類の自動化とフラグによるメール作業の管理

分類
仕分けルールを利用して自動的に取引先別に色を付加する（p.175参照）

フラグ
メールをタスク管理して作業や返信を忘れないようにする（p.200参照）

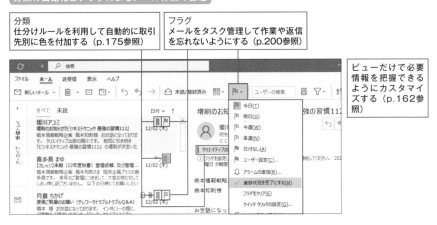

ビューだけで必要情報を把握できるようにカスタマイズする（p.162参照）

メールの作成に時間をかけない

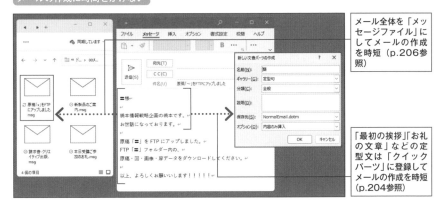

メール全体を「メッセージファイル」にしてメールの作成を時短（p.206参照）

「最初の挨拶」「お礼の文章」などの定型文は「クイックパーツ」に登録してメールの作成を時短（p.204参照）

Outlook時短の最初の一歩は
画面構成を理解すること

Outlookの画面構成と部位名を覚えて操作画面を最適化しましょう。操作
のしやすさは、結果的にメールの作業効率を高めることにつながります。

Outlookの画面構成と部位名

Outlookの画面構成と部位名を覚えましょう。下図のように、Outlookには
「フォルダーウィンドウ」「ビュー」「閲覧ウィンドウ」「ナビゲーションバー」などが
存在します。

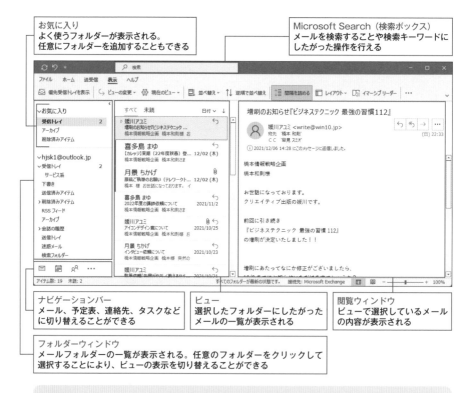

お気に入り
よく使うフォルダーが表示される。
任意にフォルダーを追加することもできる

Microsoft Search（検索ボックス）
メールを検索することや検索キーワードに
したがった操作を行える

ナビゲーションバー
メール、予定表、連絡先、タスクなど
に切り替えることができる

ビュー
選択したフォルダーにしたがった
メールの一覧が表示される

閲覧ウィンドウ
ビューで選択しているメール
の内容が表示される

フォルダーウィンドウ
メールフォルダーの一覧が表示される。任意のフォルダーをクリックして
選択することにより、ビューの表示を切り替えることができる

> **memo** 「フォルダーウィンドウ」「ビュー」「閲覧ウィンドウ」「ナビゲーションバー」への各移動は Ctrl
> ＋ Tab 、部位内の操作対象の移動は Tab で行えます。

Outlook画面の最適化が作業効率化のキモ

Outlookの画面構成は「フォルダーウィンドウ」「ビュー」「閲覧ウィンドウ」の3つが横並びになっているのですが、メール作業は他のアプリ（WordやExcelなど）と並行して行うことが多いことを考えると、この「横長に場所を取りすぎている配置」はベストとはいえません。

また、「フォルダーウィンドウ」「ビュー」「閲覧ウィンドウ」で微妙にショートカットキーが異なる点なども操作のストレスになります。

この問題を解決して、なるべくスムーズにOutlookを操作したいのであれば、**レイアウトを変えて見やすくしたり、必要のない部位を非表示にするなどして、「Outlook画面の最適化」を行うことが必要です。**

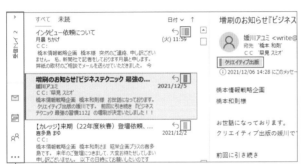

「分類」で取引先を把握できるようにすれば、重要なメールもすべて「受信トレイ」で管理できるため、メールフォルダーの移動が少なくなり、「フォルダーウィンドウ」を最小化しておけるようになる。このようにOutlookにおいてはテクニックの取捨選択が画面構成の最適化にも関わる。

フォルダーウィンドウは必要なときのみ表示すればよい

> **memo** Outlook画面の最適化は、PCの画面解像度（フルHD・4Kなど）や画面縦横比（16:9・3:2・マルチディスプレイ構成など）の違いや、他アプリとどの程度並行作業するかによって異なります。自分の環境に合わせて使いやすい画面構成を追求しましょう。

フォルダーウィンドウを最小化する

Outlookのフォルダーウィンドウは、「表示」タブから「レイアウト」→「フォルダーウィンドウ」を選択することで任意に表示を変更できます。折りたたんで表示したい場合は「最小化」をクリックしてチェックします。

最小化しておけばビューや閲覧ウィンドウを広く使えるため、Outlookの操作の軸になる「ビュー」をより広く表示できます。

フォルダーウィンドウの最小化

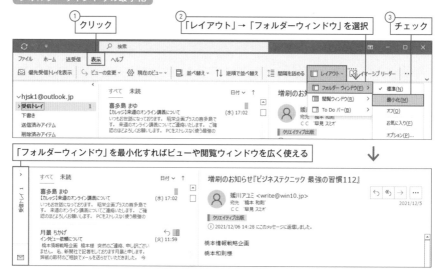

フォルダーウィンドウの展開

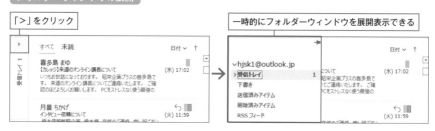

memo メールフォルダーの移動はショートカットキーでも可能であるため（p.169参照）、フォルダーウィンドウを常に表示しておく必要はありません。

メッセージウィンドウを活用する

　Outlookでは「閲覧ウィンドウ」でメールの内容確認や返信を行うことができます。ただし、Outlookの画面構成によっては閲覧ウィンドウでのメール操作は窮屈に感じてしまうことや、PCの画面解像度によってはメールを見渡しづらいことがあります。このような際に**Outlook画面のウィンドウサイズや「ビュー」と「閲覧ウィンドウ」の境界線をいちいち調整するのは時間のムダです。**

　閲覧ウィンドウが手狭に感じたときは、**ビューで該当メールを選択して**　Enter　**を押して、メールを「メッセージウィンドウ」で開きます。**

　「メッセージウィンドウ」はOutlook画面から独立したウィンドウであるため、複数のメールを並べて参照でき、ウィンドウのスナップ（p.26参照）を活用すれば柔軟に配置できるのもポイントです。

閲覧ウィンドウ
メールの内容が見渡しにくい場合にウィンドウサイズをいちいち変更するのは手間＆ムダ

メッセージウィンドウ
・メールの内容を見渡しやすい
・複数のメールをウィンドウで展開できる
・メールを見渡しながら返信メッセージを書くことができる

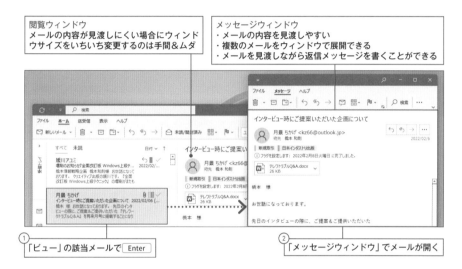

① 「ビュー」の該当メールで　Enter

② 「メッセージウィンドウ」でメールが開く

▼メッセージウィンドウでのショートカットキー

ショートカットキー	実行内容
Page Up ／ Page Down	スクロール
↑ ／ ↓	上下移動
Ctrl ＋マウスホイール回転	メール画面のズーム

ショートカットキー	実行内容
Ctrl ＋ . ／ Ctrl ＋ ,	次メール／前メール
F4	メール本文内の検索

column

「閲覧ウィンドウ」の配置を工夫する

　「閲覧ウィンドウ」でもある程度メールの内容を確認できるようにしたい場合は、「閲覧ウィンドウ」を「下」にレイアウトするのも手です。

　「表示」タブから「レイアウト」→「閲覧ウィンドウ」→「下」を選択すると、上部に「ビュー」、下部に「閲覧ウィンドウ」というレイアウトになります。Outlookと他のアプリをスナップで表示する際などでも見やすく配置できます。

「レイアウト」→「閲覧ウィンドウ」→「下」を選択

03 絶対にやるべき4つの初期設定

Customize

ここでは「操作ミスをなくす」「メールをわかりやすく管理する」「作業環境を改善して使いやすくする」ために必須のカスタマイズを紹介します。

Outlookのカスタマイズは「Outlookのオプション」ダイアログで行う

Outlookをカスタマイズしたい場合は、Alt→F→Tを入力して、「Outlookのオプション」ダイアログを表示します。

「Outlookのオプション」ダイアログは非常に利用頻度が高いため、このショートカットキーは覚えておくとよいでしょう。

Alt→F→Tで「Outlookのオプション」ダイアログを表示

必須設定① 「Ctrl + Enter によるメール送信」を無効化する

Outlookの標準設定では、メールの作成画面でCtrl + Enterを入力することでメールを送信できます。しかし、現在のSNSやビジネスチャットではCtrl + Enterに改行や改段落が割り当てられていることもあり、**誤送信の原因になりかねない悪しきショートカットキーといえます。**

Ctrl + Enterによるメール送信を無効化したい場合は、「Outlookのオプション」ダイアログの左欄で「メール」を選択して、「メッセージの送信」欄内の「Ctrl＋Enterキーを押してメッセージを送信する」のチェックを外します。

① クリック

② チェックを外す

必須設定② 自動的に「既読」にしない

　Outlookの標準設定では**「閲覧ウィンドウ」にメールを表示しただけで「既読」になります**。しかしこれでは、まだ読んでいない（読み切っていない）メールも既読になってしまう可能性があるため、メールの要件を把握しないで読み飛ばしてしまう、あるいは返信を怠ってしまうなどの事故になりかねない状態です。

　閲覧ウィンドウにメールを表示するだけで既読になる設定を無効化したい場合は、「Outlookのオプション」ダイアログの左欄で「メール」を選択して、「Outlookウィンドウ」欄内の「閲覧ウィンドウ」をクリックします。「閲覧ウィンドウ」ダイアログ内の「次の時間閲覧ウィンドウで表示するとアイテムを開封済みにする」と「閲覧ウィンドウでの表示が終わったら開封済みにする」のチェックを外します。以後、閲覧ウィンドウにメールを表示しただけでは既読にならず、メッセージウィンドウでメールを表示すると既読になります。

標準設定では、閲覧ウィンドウに表示しただけで既読になってしまう

memo　メールの既読・未読はショートカットキーで変更することも可能です（p.171参照）。

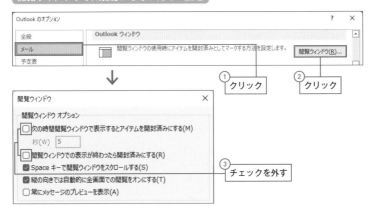

必須設定③ 新しいウィンドウでメールを記述する

　Outlookの標準設定では、**メールを返信する際も「閲覧ウィンドウ」での記述になるため、かなり窮屈ですし、元メールを参照しづらいという欠点もあります。**

　閲覧ウィンドウの「ポップアウト」をクリックすれば「メッセージウィンドウ」でメール作成を行うこともできますが、最初から返信の際に独立したウィンドウでメール作成を行いたい場合は、「Outlookのオプション」ダイアログの左欄で「メール」を選択して、「返信/転送」欄の「返信と転送を新しいウィンドウで開く」をチェックします。

メールの返信画面

「ポップアウト」をクリックすれば、メッセージウィンドウで表示できる

標準設定では、返信メール記述が閲覧ウィンドウ上で展開されるためわかりにくい

新しいウィンドウで開く設定

必須設定④ 送受信の自動間隔を5分前後にする

Outlookではメールサーバーに定期的にアクセスして同期処理を行うことで、受信メールや送信メールの管理をしています（アカウントの種類によって詳細は異なります）。

つまり、最新の情報を取得したい場合は、手動で「送受信」する必要があるのですが、送受信を定期的かつ自動的に実行したい場合は、Outlookで Ctrl + Alt + S を入力し、「送受信グループ」ダイアログで「次の時間ごとに自動的に送受信を実行する」をチェックして、送受信を実行する間隔（分数）を任意に指定します。

メールサーバーとの即時同期であれば最短の「1分」が理想的ですが、頻繁な送受信はPC・通信・メールサーバーの負荷になるため、一般的な環境では5分前後が推奨設定になります。

なお、メールの送受信漏れを起こりにくくするためにも「**Outlookは自動起動させて終了せずに運用する**」ことをお勧めします（p.229参照）。

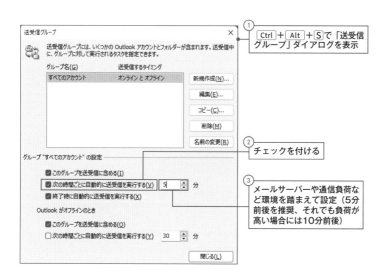

① Ctrl + Alt + S で「送受信グループ」ダイアログを表示

② チェックを付ける

③ メールサーバーや通信負荷など環境を踏まえて設定（5分前後を推奨、それでも負荷が高い場合には10分前後）

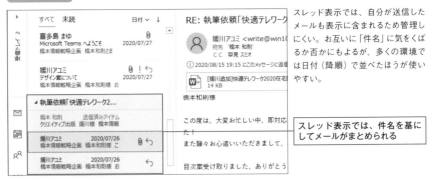

必要な情報は「ビュー」で確認する

04
View Customize

「ビュー」を最適化すると「必要な情報をビューだけで確認できる」という時短を実現でき、その他のムダな操作をなくすことができます。

スレッド表示を無効化してメールを時系列に並べる

Outlookでは「スレッド表示（スレッド別に整理）」という、同種のメールをまとめて1つのグループとして表示する機能があります。「同じ件名（RE:も含む）」がひとかたまりになるため一見便利な機能に思えますが、同じ案件でも件名が変わる（相手が返信時に件名を変えてしまったりする）とスレッドにならないため、素直に「日付（降順）」でメールが並んでいるほうが操作しやすいことがほとんどです。

スレッド表示を無効にしたい場合は、「表示」タブから「現在のビュー」→「スレッドとして表示」をクリックしてチェックを外します。

スレッド表示

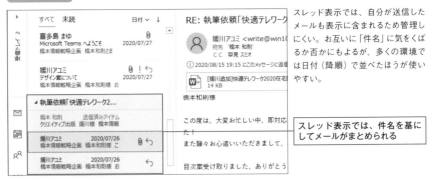

スレッド表示では、自分が送信したメールも表示に含まれるため管理しにくい。お互いに「件名」に気をくばるか否かにもよるが、多くの環境では日付（降順）で並べたほうが使いやすい。

スレッド表示では、件名を基にしてメールがまとめられる

スレッド表示の無効化

① クリック

② 「現在のビュー」→「スレッドとして表示」のチェックを外す

「スレッドとして表示」のチェックを外すと、メールを時系列に並べることができる。つまり、受信した最新メールが上から並ぶというわかりやすい管理になる。

メールの内容はビューで確認する

　ビューである程度メールの内容を確認したい場合は、「表示」タブから「現在のビュー」→「メッセージのプレビュー」→「3行」をクリックします。すると、メール本文の一部がビューに表示されるようになります。ビューで**メール本文の最初の内容を確認できれば、多くの場合でメールの概要を知ることができるため、個々のメールをいちいち開いて確認する手間を省けます。**

`標準設定のビュー表示`

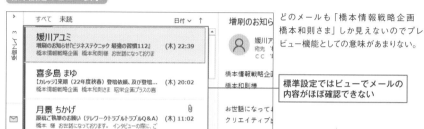

どのメールも「橋本情報戦略企画　橋本和則さま」しか見えないのでプレビュー機能としての意味があまりない。

標準設定ではビューでメールの内容がほぼ確認できない

`メッセージのプレビューの変更`

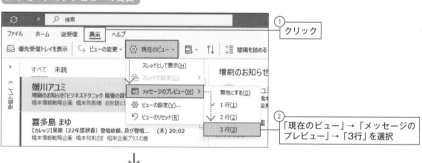

① クリック

② 「現在のビュー」→「メッセージのプレビュー」→「3行」を選択

↓

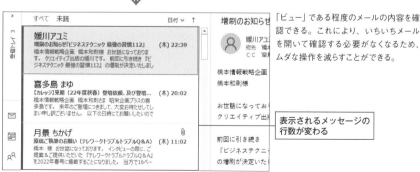

「ビュー」である程度のメールの内容を確認できる。これにより、いちいちメールを開いて確認する必要がなくなるため、ムダな操作を減らすことができる。

表示されるメッセージの行数が変わる

ビューの表示レイアウトを使い分ける

「表示」タブから「ビューの変更」→［任意のレイアウト］をクリックすると、ビューの表示レイアウトを変更することができます。ビューの表示レイアウトには「コンパクト」「シングル」「プレビュー」の3種類が用意されています。Alt→V→C→Vで表示レイアウトを素早く切り替えることもできます。

ちなみに、「**プレビュー**」では、**ビューだけでメールの内容をかなり把握することができるので場面によってはとても便利です。**

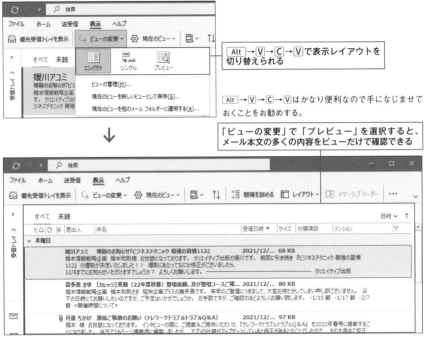

ビューの変更から「プレビュー」を選択。「3行表示」にすれば、簡単な要件であればビューだけでメールを確認できる。もちろん詳細な内容を確認したい場合はEnterを押して、メッセージウィンドウで表示すればよい。

重要なメールを見逃さない「条件付き書式」を活用する

「重要な取引先」からのメールや件名・メッセージに「緊急」「至急」などのキーワードが含まれているメールを見逃さないためには「条件付き書式」を活用しましょう。

「**条件付き書式**」を設定すると、**指定条件に合致したメールを「フォント（書体）」「色」「太字」などで強調できます。**

なお、「条件付き書式」は、標準設定のビュー（コンパクト・シングル・プレビュー）を変更して設定することもできますが、あらかじめ新しいビューを作成すると標準設定のビューの設定を崩さずに新しいビューとして管理できるのでお勧めです（p.168のコラム参照）。

条件付き書式によるビューの設定

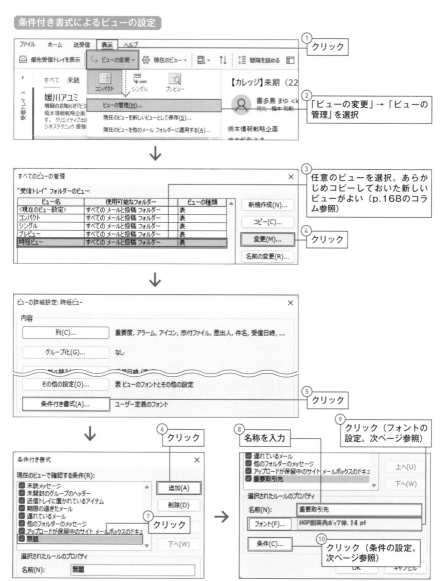

① クリック

② 「ビューの変更」→「ビューの管理」を選択

③ 任意のビューを選択。あらかじめコピーしておいた新しいビューがよい（p.168のコラム参照）

④ クリック

⑤ クリック

⑥ クリック

⑦ クリック

⑧ 名称を入力

⑨ クリック（フォントの設定。次ページ参照）

⑩ クリック（条件の設定。次ページ参照）

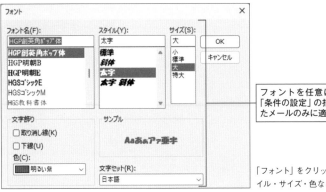

フォントを任意に設定でき、「条件の設定」の指定に合致したメールのみに適用される

「フォント」をクリックすると、フォント・スタイル・サイズ・色などを任意に指定できる。

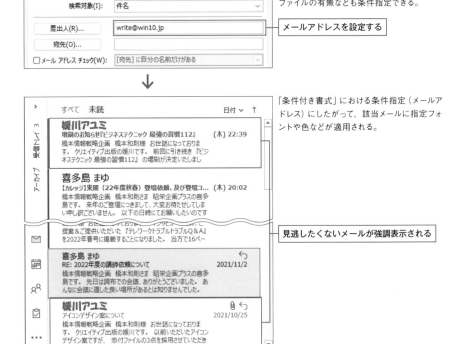

「条件」をクリックすると、「フィルター」ダイアログが表示されるので「差出人」に特定のメールアドレスを記述する。なお、「詳細設定」タブでは開封状況（既読・未読）や添付ファイルの有無なども条件指定できる。

メールアドレスを設定する

「条件付き書式」における条件指定（メールアドレス）にしたがって、該当メールに指定フォントや色などが適用される。

見逃したくないメールが強調表示される

重要項目を強調＆追加するオリジナルビュー

Outlookの標準ビューでは最上部に「差出人」を大きく表示し、その下部に小さく件名と本文の内容を表示しますが、この表示内容はカスタマイズできます。メール作業を効率化するうえでは、ビューに必要な情報がすべて記載されていることが好ましく、**みなさんの業務内容に合わせた「オリジナルビュー」を作成することで効率化＆ミスが少ないメール環境を実現できます。**

例えば、筆者は「分類」を活用しているため（色分類で取引先を見極められる。p.172参照）、「差出人」よりも「件名」を強調表示しています。また、3社間取引や取引先の担当者数人と並行して連絡を取ることが多いため「CC」の情報も重要になるので、以下のようなカスタマイズを行ってます。

- ・ビューの最上部に「件名」を表示して太字にする
- ・「差出人」に加えて「CC」の情報も表示する
- ・プレビューの行数を増やしてビューである程度メールの内容を把握できるようにする

みなさんも「**どういう情報がビューに表示されたら便利だろうか**」といった視点で、表示内容を検討して「オリジナルビュー」を作成してみてください。

`オリジナルビュー設定`

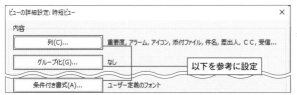

ここでは「ビュー」を見やすくするために「列」「グループ化」「条件付き書式」をカスタマイズする。
- ・「ビューの詳細設定」ダイアログの開き方はp.165を参照
- ・「オリジナルビューの作成」は次ページのコラムを参照

`「列」の設定`

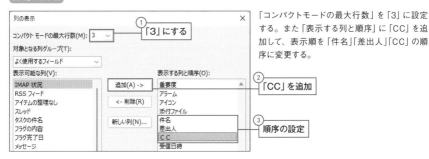

「コンパクトモードの最大行数」を「3」に設定する。また「表示する列と順序」に「CC」を追加して、表示順を「件名」「差出人」「CC」の順序に変更する。

「グループ化」の設定

「並べ替え方法に従って自動的にグループ化する」のチェックを外す。

チェックを外す

「条件付き書式」の設定

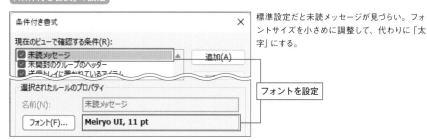

標準設定だと未読メッセージが見づらい。フォントサイズを小さめに調整して、代わりに「太字」にする。

フォントを設定

オリジナルビューの完成

最初に件名を表示する

差出人とCCを両方とも表示する

プレビュー行を増やしてメールの内容を把握しやすくする

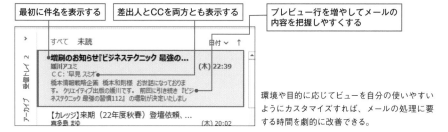

環境や目的に応じてビューを自分の使いやすいようにカスタマイズすれば、メールの処理に要する時間を劇的に改善できる。

---

column

新しいビューを作成する

　既存のビューの設定を崩すことなくカスタマイズしたい場合は、「新しいビュー」を作成します。「表示」タブから「ビューの変更」→「ビューの管理」をクリックして、「すべてのビューの管理」ダイアログでコピー対象（一般的には「コンパクト」）を選択したうえで「コピー」をクリックします。表示されるウィザードにしたがえば、新しいビューを作成できます。

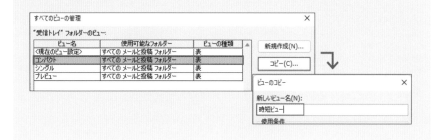

05
Reading

マウスを使わずに
メールを確認する方法

メールの確認はショートカットキーでサクサク済ませましょう。マウス操作をなるべく減らすことと、操作対象を意識することがムダをなくすコツです。

メールフォルダーを自由自在に移動する   Ctrl + Shift + I ／ Ctrl + Y

　メールフォルダーの移動（参照フォルダーの変更）は、**「受信トレイ」への移動は Ctrl + Shift + I、その他のメールフォルダーへの移動は Ctrl + Y と覚えましょう。** Ctrl + Y を入力すると、「フォルダーへ移動」ダイアログで任意のフォルダーに移動することができます。

　たった2つのショートカットキーを覚えるだけで、フォルダーウィンドウに依存しないで済むため、マウスをカチコチする必要がなくなります。またフォルダーウィンドウを最小化したまま指定フォルダーにあるメールを参照することも可能になります。

メールフォルダーの移動

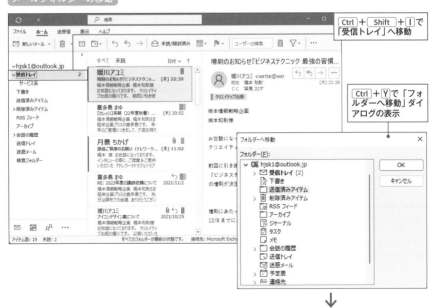

Ctrl + Shift + I で「受信トレイ」へ移動

Ctrl + Y で「フォルダーへ移動」ダイアログの表示

ビューと閲覧ウィンドウで行き来する

「ビュー」では「前のメール」「次のメール」をカーソルキー⬆⬇で素早く「閲覧ウィンドウ」に表示することができます。また、ビューから Ctrl + Tab で「閲覧ウィンドウ」に操作対象を移すことができます。

「閲覧ウィンドウ」では、Page Down / Page Up （または、スペースキー／ Shift +スペースキー）でメッセージをスクロールできます。

また、「閲覧ウィンドウ」を操作対象にしたまま「前のメール」「次のメール」を参照したい場合は Ctrl + . ／ Ctrl + , が便利です。

なお、閲覧ウィンドウでメールが読みにくい場合は、「メッセージウィンドウ」で展開するとよいでしょう（p.156参照）。

「ビュー」でのショートカットキー

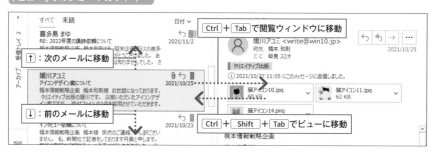

「閲覧ウィンドウ」でのショートカットキー

既読と未読を使い分けてメールを管理する　Ctrl + Q ／ Ctrl + U

「既読」とはすでに読んだメール、「未読」とはまだ内容を確認していないメールを意味しますが、Outlookではビューの表示の違いで、既読と未読を確認できます（下図参照）。

また、任意に既読・未読を切り替えたい場合は、ビューで対象メールを選択して「既読」はCtrl + Q、「未読」はCtrl + Uです。あらかじめ複数のメールを選択しておくことで一括切り替えも可能です。

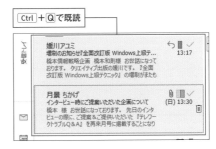

PCにメールを読み上げてもらう

重要なメールはきちんと目を通すべきです。しかし、プレスリリースなどは「PCに読み上げてもらう」ことで別の作業をしながら内容を確認してもよいでしょう。

メールの内容を音声で確認するには、「ホーム」タブから「音声読み上げ」をクリックします。メッセージウィンドウの場合は、「メッセージ」タブの「音声読み上げ」をクリックします。**Outlookをデスクトップ上で最小化しても音声読み上げは継続されるため、別の作業の邪魔にならずにメールを確認できます。**

06
Sort Out

「分類」を活用すれば、大量のメールを楽々処理できる

メールの件数が増えてくると、目的のメールが見つけにくくなってしまいますが、そんなときに活用したいのが「分類」です。

「色分類項目」に名前を付ける

「色分類項目」（分類）とはメールを色で分類できる機能です。

例えば分類として「取引先ごと」「仕事の種類ごと」などに分けておくと、ビューに表示される分類の色だけで「取引先」「仕事の種類」を見分けることができます。

この他、指定した分類のみを絞り込み表示することもできるため、目的のメールを探したい場面でも重宝します。

`分類を管理する`

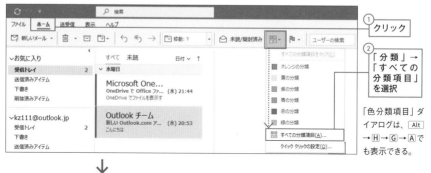

① クリック

② 「分類」→「すべての分類項目」を選択

「色分類項目」ダイアログは、Alt → H → G → A でも表示できる。

③ F2 を押して名前を付ける

「色分類項目」ダイアログでは「分類（色）」に対して、任意の名前を付けることができる。名前の変更は F2 で可能だ。「色」を追加したい場合は「新規作成」をクリックする。

分類名が変更される

分類はメールに対して複数指定することもできるので（次ページ参照）、1つのカテゴリにくくらなくてもよい。筆者は後でメールを探しやすくするために「取引先」と「仕事の種類」を分類している。

メールを分類する

メールに「分類」を割り当てたい場合は、「ホーム」タブから「分類」→［任意の分類（色）］を指定します。

「分類」を取引先ごとにしているのであれば、ビューに付加された「色」(分類) だけで取引先を確認できるようになります。また、**「閲覧ウィンドウ」や「メッセージウィンドウ」では「分類項目名」(名前)(名前) も確認できるため、メールをわかりやすく管理できます。**

なお、分類はメールに対して複数指定することもできるので、次項で解説する「分類での絞り込み」などの活用も考慮してメールを分類すると、効率的なメール処理が可能になります。

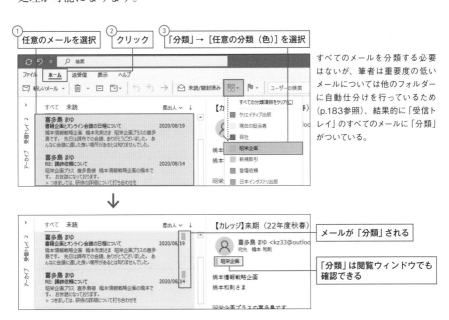

すべてのメールを分類する必要はないが、筆者は重要度の低いメールについては他のフォルダーに自動仕分けを行っているため (p.183参照)、結果的に「受信トレイ」のすべてのメールに「分類」がついている。

メールが「分類」される

「分類」は閲覧ウィンドウでも確認できる

1つのメールに対して複数の分類を割り当てることも可能だ。筆者は主要取引先での執筆以外の業務はイレギュラーと考え、分類として「登壇依頼」などを追加して、差別化して見つけやすくなるように工夫している。

複数の分類を割り当てることもできる

「分類」を活用して目的のメールを探す

　メールを分類しておけば、「分類」指定で絞り込み表示も簡単です。「ホーム」タブから「電子メールのフィルター処理」→「分類項目あり」→［任意の分類］とクリックすれば（ Alt → H → L → C ）、該当分類のメールのみをビューに表示することができます。

　ちなみにこの機能自体は、「検索」の「分類項目あり」で指定する操作と同様なので、検索ボックス上では「**分類項目:="［指定分類］"**」という表記になります。目的のメールをさらに「件名」で絞り込みたい場合は、続けて「検索」タブの「件名」をクリックして件名キーワードを指定すればOKです。

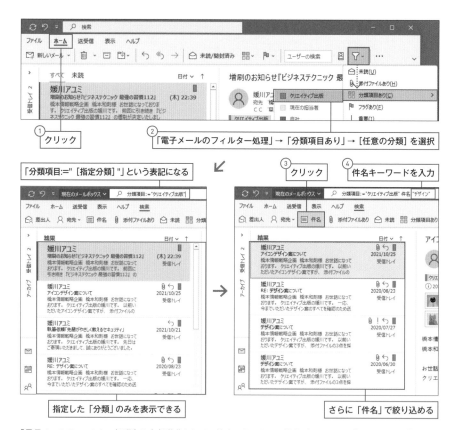

「電子メールのフィルター処理」は内部動作としては検索であるため、検索ボックスには「分類項目:="［指定分類］"」と表記される。このまま「検索」タブの「件名」をクリックして件名キーワードを指定すれば「特定取引先の該当件名」などを簡単に絞り込み表示できる。

分類を自動化する

　既存メールを「分類」する方法は解説しましたが、これから届くメールに対しても自動的に「分類」を指定したい場合は、以下のステップにしたがって条件を設定します。

①　仕分けルールの設定

Outlookで「ファイル」タブをクリックして、Backstageビューから「仕分けルールと通知の管理」をクリックする（[Alt]→[F]→[I]→[R]）。

「仕分けルールと通知」ダイアログの「電子メールの仕分けルール」タブ内にある「新しい仕分けルール」をクリックする。

②　「新しい仕分けルールを作成します」の選択

「自動仕分けウィザード」ダイアログが表示される。
ステップ1で「受信メッセージにルールを適用する」を選択して、「次へ」をクリックする。

③　「条件を指定してください」の選択

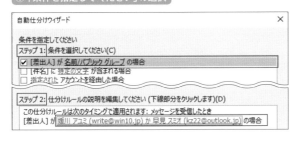

ステップ1で「[差出人]が名前／パブリックグループの場合」をチェックする。
ステップ2で「差出人」のメールアドレスを指定して（連絡先からの指定も可）、「次へ」をクリックする。

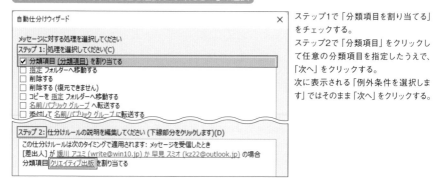

ステップ1で「分類項目を割り当てる」
をチェックする。
ステップ2で「分類項目」をクリックし
て任意の分類項目を指定したうえで、
「次へ」をクリックする。
次に表示される「例外条件を選択しま
す」ではそのまま「次へ」をクリックする。

⑤「ルールの設定を完了します」の選択

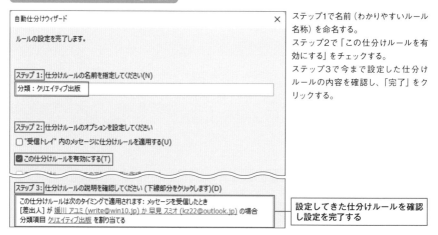

ステップ1で名前（わかりやすいルール
名称）を命名する。
ステップ2で「この仕分けルールを有
効にする」をチェックする。
ステップ3で今まで設定した仕分け
ルールの内容を確認し、「完了」をク
リックする。

設定してきた仕分けルールを確認
し設定を完了する

⑥ 受信メールに自動適用される「分類」

仕分けルールが自動的に適用される

「仕分けルールと通知」で設定した内容にしたがって、「メッセージを受信したとき→差出人が〜の場合→分類項目〜
を割り当てる」が自動適用される。なお、仕分けルールは「新規に受信したメール」のみに適用される。

既存のメールにも仕分けルールを適用する

　先に解説した「分類を自動化する仕分けルール」は、基本的にこれから届く新しいメールにしか適用されませんが、既存のメールにも仕分けルールを適用したい場合は、「仕分けルールと通知」ダイアログを表示します。「仕分けルールの実行」をクリックして表示される「仕分けルールの実行」ダイアログから、「実行する仕分けルールの選択」で適用したい分類をチェックして、「今すぐ実行」をクリックします。

①「ファイル」タブをクリックして、Backstageビューを表示

②クリック

「仕分けルールと通知」ダイアログは Alt → F → I → R を入力することでも表示できる。

③クリック

④適用したいルールを確認してチェックを付ける

⑤クリック

必要なメールを
秒で見つける方法

「メール探しの旅」はもうやめましょう。メールの並べ替えや検索を「賢く」活用することで、ムダを省くことができます。

メール探しの基本は「並べ替え（ソート）」

「～さんのメールを見つけたい」という場合は「検索」するのもよいのですが、「並べ替え」だけで解決してしまうかもしれません。

Outlookのビューで「該当差出人名のメール」を選択した状態で、「表示」タブから「並べ替え」→「差出人」をクリックします（Alt→V→A→B→F）。差出人でソートされるので、「～さんのメール」を並べて一覧で表示することができます。

同様に「該当件名のメール」を選択した状態で「件名」でソートすれば、非スレッド表示においても「RE:」を含めた形で同一件名のメールを並べて素早くメールを探すことができます。

「並べ替え」は基本的なワザですが、メール探しにおいて大切なテクニックです。

「差出人」による並べ替え

「差出人」で並べ替えをすれば、同じ差出人のメールをビュー内に並べることができる。「あの人のこの前のメールを探す」のにもってこいだ。

「件名」による並べ替え

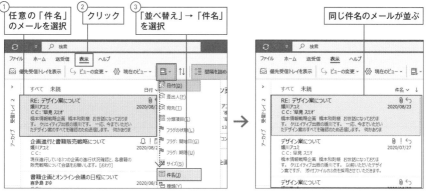

① 任意の「件名」のメールを選択
② クリック
③ 「並べ替え」→「件名」を選択
同じ件名のメールが並ぶ

検索対象の「件名」のメールを選択して、「表示」タブから「並べ替え」→「件名」をクリックすれば（Alt → V → A → B → J）、同じ件名のメールをビュー内に並べることができる。

目的のメールを検索して見つける　Ctrl + E ／ Alt → Q

　「並べ替え」では「差出人」や「件名」で並べ替えをしてメールを見つけましたが、探したいメールに含まれるキーワードが思い当たる場合は、Ctrl + Eを入力して検索ボックスにアクセスします。一般的なアプリの検索はCtrl + Fなので、違和感がある場合は、Alt → Qを入力することでも検索ボックスにアクセスできます（Outlook 2021以降のみ）。

　検索ボックスに「目的のメールに含まれるキーワード」を入力してEnterを押せば、マッチするメールのみがビューに表示されます。また**「検索」タブが表示される点にも注目してください。**

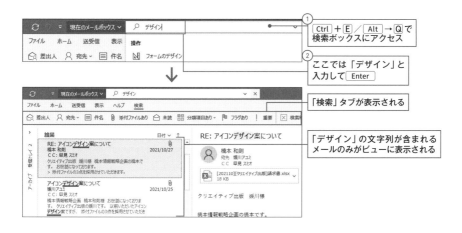

① Ctrl + E ／ Alt → Qで検索ボックスにアクセス
② ここでは「デザイン」と入力してEnter

「検索」タブが表示される

「デザイン」の文字列が含まれるメールのみがビューに表示される

差出人や件名、添付ファイルの有無で検索する

「検索」は便利ですが**「差出人」「件名」「メールの内容」**など、**すべての要素を検索対象とするため、検索キーワードによっては目的以外のメールが表示されてしまいます。**

「差出人」と「件名」など、検索対象を絞り込みたい場合は、「検索」タブの「差出人」や「件名」をクリックしてキーワードを指定します。検索ボックス上で「差出人:"〜" 件名:"〜"」という表示になり、複数条件による検索が可能です。

複数条件による検索

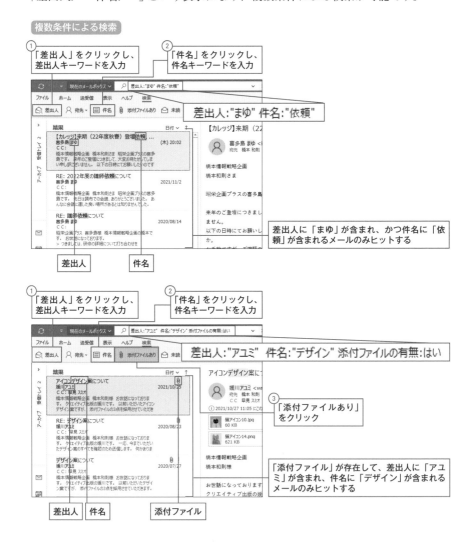

「高度な検索」でメールを見つける ［Ctrl］＋［Shift］＋［F］

［Ctrl］＋［E］／［Alt］→［Q］を入力するとアクセスできる「検索ボックス」を用いたキーワード検索はとても簡単ですが、複数条件での検索をする場合などではユーザーインターフェースに慣れないと使いにくいというのが正直なところです。

わかりやすく各対象を指定して検索したい場合は、［Ctrl］＋［Shift］＋［F］を入力すると表示される「高度な検索」ダイアログを利用するとよいでしょう。

「メッセージ」タブの「検索する文字列」に任意の検索キーワードを指定したうえで、「検索対象」に「件名」（件名のみ）か「件名とメッセージ本文」を指定して「検索」をクリックします。検索条件にマッチしたメール一覧が下部に表示されるので、一覧から該当メールをクリックすればメッセージウィンドウで表示できます。

また、ここからさらに検索条件を指定することも可能で、「差出人」「宛先」などに検索キーワードを指定して再び「検索」をクリックすることで、追加指定条件で絞り込みができます。

「高度な検索」ダイアログでは、検索条件指定と検索結果の双方が一か所に表示されるのでわかりやすく、また条件指定の追加も即実行できるのがポイントです。

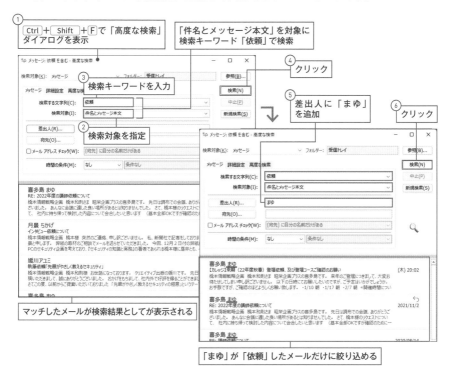

「仕分け」を徹底すると
メールは最初から片付く

「受信トレイ」には必要なメールだけを残し、その他のメールはフォルダー
に仕分けることで、わかりやすく探しやすいメール管理を実現しましょう。

フォルダーにメールを仕分ける

Outlookでは任意にフォルダーを作成して、メールをフォルダーに仕分けるこ
とができます。

推奨は「**重要ではないメールをフォルダーに仕分ける**」ことです。この管理であれ
ば、日常的に「受信トレイ」のみに着目すればよくなり、メールを見つけるため
にいろいろなフォルダーを探す手間がなくなります。

> memo　取引先や業務種類ごとにフォルダーを仕分ける管理も考えられますが、取引先や業務種類
> を「分類」(色) で管理する方法も便利です (p.172参照)。

新しいフォルダーを作成する　Ctrl + Shift + E

メールを保存するフォルダーを作成したい場合は、フォルダーウィンドウを右
クリックして、ショートカットメニューから「フォルダーの作成」を選択します。
管理方法は自由なのですが、**受信メールを仕分けるフォルダーは「受信トレイ」の配
下に作成するのがお勧めです**。

ちなみに、フォルダーウィンドウを操作せずとも、Ctrl + Shift + Eで「新しい
フォルダーの作成」ダイアログからフォルダーを作成することもできます。

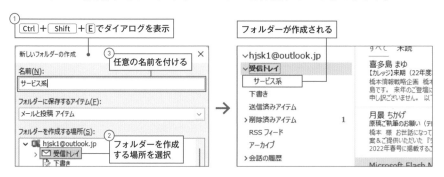

メールの仕分けを自動化する

　メールを指定のフォルダーに移動したい場合は、メールをドラッグしてフォルダーにドロップするのが基本ですが、ドロップミスをしてしまうとメールを見失いかねません。

　ビューの該当メールを右クリックして、ショートカットメニューから「移動」→［移動先フォルダー］と選択する方法もありますが、これもかなり面倒な操作です。

　同じ相手からのメールを特定のフォルダーに移動するなどの作業が繰り返される場合は、「仕分けルール」を活用してメールのフォルダー仕分けを自動化します。

　Outlookのビューでフォルダーに移動したいメールを選択した状態で、「ホーム」タブから「ルール」→「次の差出人からのメッセージを常に移動する〜」をクリックします。「仕分けルールと通知」ダイアログが表示されるので、該当メールを移動したいフォルダーを指定して「OK」をクリックすれば完了です。

　この設定は「仕分けルールと通知」に反映され、「仕分けルールと通知」ダイアログで設定の確認・変更・適用順序の指定などを行うことができます。

> memo　設定した仕分けルールは既存のメールに反映されるだけではなく、以後受信したメールにも反映されるので、フォルダーへのメール仕分けを自動化できます。

仕分けルールの設定

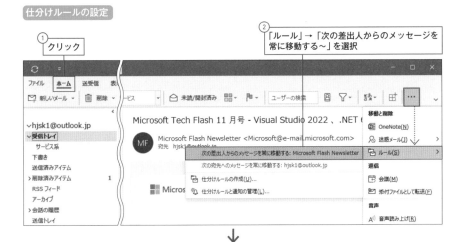

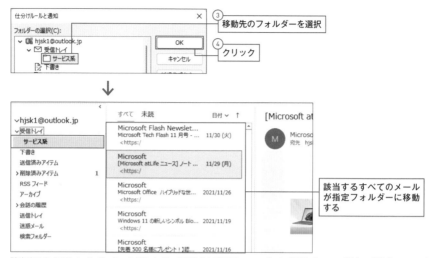

該当するすべてのメールが、ルールにしたがって自動的に指定のフォルダーに移動した。この設定は「仕分けルール」の設定なので、単一の対象メールだけではなく「ルールに適合するすべてのメール」の移動設定になる。

「仕分けルールと通知」ダイアログで設定内容を確認

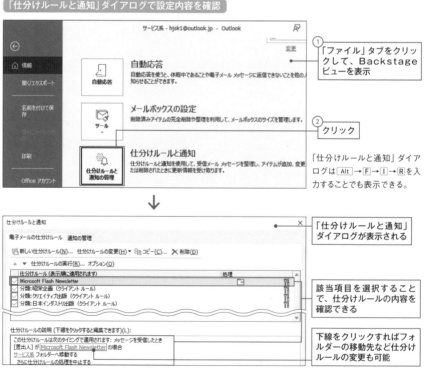

「アーカイブ」を活用する [Back space]

　アーカイブとはデータを安全に保存する領域のことです。しかし、メールのアーカイブフォルダーは**「不必要だが後に利用するかもしれないメールを保持しておく領域」**という意味合いが強くなります。

　このようなメールを「アーカイブ（フォルダー）」に移動したい場合は[Back space]で実行できます。

　全般的に**「受信トレイに不要なメールを残さない」**という意識を持ち、完全に不要なメールは削除（[Delete]、「削除済みアイテム」フォルダーに移動する）、削除するか迷うメールは「アーカイブ」でよいでしょう。

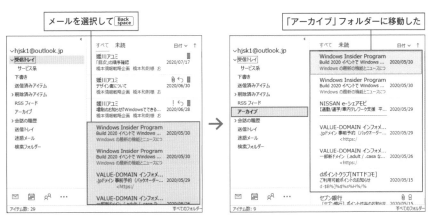

受信トレイに置いておく必要のないメールを複数選択して[Back space]を入力。該当メールを「アーカイブ」フォルダーに移動することができる。もちろん、完全に不要なものは「削除」でもよい。

---

column

仕分けルールを削除する

　不要になった仕分けルールを削除したい場合は、「仕分けルールと通知」ダイアログで、削除したい仕分けルールを選択して「削除」をクリックします。

　メッセージ内容を確認して「はい」をクリックすれば、該当仕分けルールを削除できます。

　なお、仕分けルールを削除しても、仕分けルールによって移動したメールは、フォルダーに保持されたままになります。

メール作成前に必ずやるべき Outlookの環境設定と確認

09
Optimization

メール作成をはじめる前に、必ず確認しておいてほしいメールコミュニケーションにおける配慮や、Outlookの環境設定について解説します。

ビジネスで推奨されるメールの設定

メールはコミュニケーション手段の1つです。ビジネスメールにおいては**送信ミスは情報漏洩の観点で考えても厳禁ですし、相手のメール環境も考えてメールの引用をわかりやすくするなどの配慮も行うべきです。**

ここでは、ビジネスで推奨されるメール作成や送信の設定を解説します。

「HTML形式」と「テキスト形式」を切り替える

メールの形式には「HTML形式」と「テキスト形式」が存在します。「HTML形式」はデザイン性と機能性に優れ、「テキスト形式」は互換性に優れます。ビジネスメールでは相手が確実に読めることが重要なので、HTML形式でなくてはならない理由（ビジネスメールとして文中の装飾や画像の埋め込みが必然である理由）がない限りは、**「テキスト形式」を採用するようにします。**

Outlookの標準設定では、メール作成は「HTML形式」になっていますが（タイトルバーで確認可能）、「書式設定」タブから「メッセージ形式」→「テキスト」を選択すれば、メールを「テキスト形式」として作成することができます（メッセージウィンドウのみ、形式の切り替えが可能）。

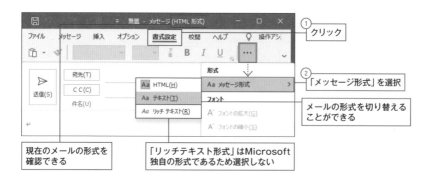

メール作成時の標準形式を「テキスト形式」にする

　メール作成時の標準形式を「テキスト形式」にしたい場合は、[Alt]→[F]→[T]を入力して「Outlookのオプション」ダイアログを表示し、左欄で「メール」を選択して、「メッセージの作成」欄の「次の形式でメッセージを作成する」のドロップダウンから「テキスト形式」を選択します。

「宛先」「CC」などのオートコンプリートを無効にして誤送信をなくす

　Outlookの標準設定では「宛先」「CC」「BCC」でオートコンプリートが有効になっており、メールアドレスや名前の一部を入力するだけで、連絡先や過去の履歴にしたがった宛先の指定が可能です。しかし、似たメールアドレス・同姓・同名などの存在により**オートコンプリートが誤入力・誤送信の原因になって情報漏洩が生じた例は少なくありません**。ビジネス環境では停止すべき機能といえるでしょう。

　「宛先」のオートコンプリートを無効にするには、[Alt]→[F]→[T]を入力して「Outlookのオプション」ダイアログを表示し、左欄で「メール」を選択して、「メッセージの送信」欄の「[宛先]、[CC]、[BCC]に入力するときにオートコンプリートのリストを使用して名前の候補を表示する」のチェックを外します。

オートコンプリートによるメールアドレスの指定

オートコンプリートが有効である場合は、先頭の数文字を入力しただけで宛先の候補が表示される。この機能は一見便利なのだが、誤送信の原因になりうるため、機能の無効化が推奨される。

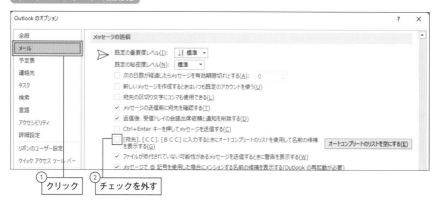

自動保存間隔を「1分」にする

Outlookの標準設定では、一定時間ごとに作成中のメールが自動保存されていますが、この自動保存間隔（分）を短くすることで作成中のメールの安全性をさらに高めることができます。Alt→F→Tと入力して「Outlookのオプション」ダイアログを表示し、左欄で「メール」を選択して、「メッセージの保存」欄の「送信していないアイテムを次の時間（分）が経過した後に自動的に保存する」をチェックして分数を入力します。

自動保存時間の設定

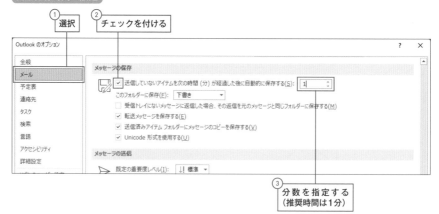

メールの引用行頭記号に「＞」を設定する

一般的に**返信メールの引用行頭記号は「＞」が好まれます。**

メール返信時の引用行頭記号を「＞」にしたい場合は、[Alt]→[F]→[T]を入力して「Outlookのオプション」ダイアログを表示し、左欄の「メール」を選択して、「返信／転送」欄の「メッセージに返信するとき」のドロップダウンから「元のメッセージの行頭にインデント記号を挿入する」を選択したうえで、「テキスト形式のメッセージの行頭に次のテキストを入れる」に「＞」を設定します。

なお、少し難しい話になりますが、引用行頭記号を「＞」にできるのは、相手のメールがテキスト形式の場合のみです（次ページのコラム参照）。

引用行頭記号の設定

①　クリック　　　②　選択する　　　③　引用行頭記号を設定する

テキスト形式の場合

引用行頭記号が使用できる

HTML形式の場合

引用行頭記号が使用できない

「テキスト形式」のメールに返信した場合と、「HTML形式」のメールに返信した場合の違い。相手のメールが「HTML形式」の場合は、返信時に引用行頭記号「＞」を適用できない（ただし、表示を強制的にテキスト形式にすれば行頭記号にすることが可能。次ページのコラム参照）。

受信メールをテキスト形式に変換する方法

　筆者はビジネスメールにおいてはテキスト形式を前提としており、受信メールもすべて強制的にテキスト形式に変換しています。

　これには、HTML形式でハイパーリンクが埋め込まれた場合でも、リンク先を目視できるなどのセキュリティ的な効果がありますし（悪意で埋め込まれていても見抜きやすい）、テキスト形式で受信したものは返信時もテキスト形式にできる（メールラリーにおいてテキスト形式を基本にできる）点も挙げられます。そして何よりも引用行頭記号として「>」を使用できるというメリットがあります。

　受信メールをテキスト形式に変換して表示したい場合は、Alt → F → T を入力して、「Outlookのオプション」ダイアログで設定します。

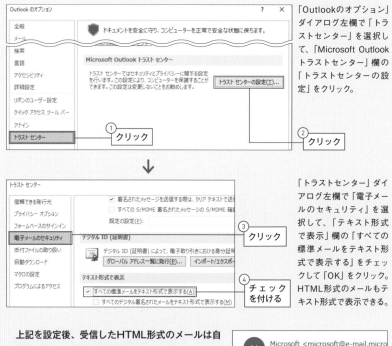

「Outlookのオプション」ダイアログ左欄で「トラストセンター」を選択して、「Microsoft Outlook トラストセンター」欄の「トラストセンターの設定」をクリック。

「トラストセンター」ダイアログ左欄で「電子メールのセキュリティ」を選択して、「テキスト形式で表示」欄の「すべての標準メールをテキスト形式で表示する」をチェックして「OK」をクリック。HTML形式のメールもテキスト形式で表示できる。

　上記を設定後、受信したHTML形式のメールは自動的にテキスト形式で表示されます。ただし、メール内にある「このメッセージをテキスト形式に変換しました」をクリックして、「HTMLとして表示」をクリックすればHTML形式で表示することも可能です。

10
Sending

送受信を自由自在に操る

メールは自分や相手の営業日などを考慮して送信時間を指定したり、あらかじめ入力しておいたメッセージを自動応答で返信することができます。

「自動応答」で自動的に返信メールを送信する

Outlookの「自動応答」を利用すれば、相手からメールが届いた際に任意のメッセージを自動的に返信できます。

この機能が優れているのは「メールサーバーで動作する」という仕組みであり、**Outlookで設定した後はOutlookを終了したり、PCの電源を切ったりしても、メールサーバー側で自動的に相手のメールに返信できます。**

ただし、このようにサーバーと連携して動作する仕様上、「自動応答」が可能なのはMicrosoft系アカウント（Microsoft Exchangeアカウント・Microsoft 365のアカウント・Outlook.comアカウント）のみになります。

自動応答の設定は、Outlookで「ファイル」タブをクリックして、Backstageビューから「自動応答」をクリックします。**該当項目が表示されないメールアカウントは自動応答が不可であることを意味します。**

「自動応答」がない場合は、対応しないアカウントということになり、自動応答設定はできない。

「自動応答」ダイアログから「自動応答を送信する」にチェックしたうえで、任意に「次の期間のみ送信する」をチェックして「開始時刻」と「終了時刻」をそれぞれ指定します。

「自動応答」タブで、自動返信するメッセージを記述して、「OK」をクリックすれば完了です。

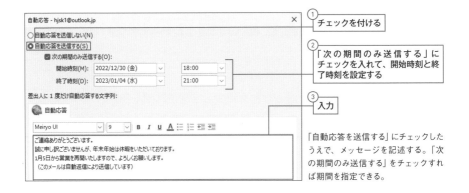

指定期間内に受信したメールに対して、自動的にメッセージを送信します。

「自動応答」が有効になり、Outlookのメール画面などにも表示される。なお、
自動応答を終了したければ「オフ」をクリックする。

日時を指定してメールを送信する

　Outlookでは指定した日時にメールを送ることができます。筆者は仕事に集中できる土日に作業を進めることも多いのですが、土日に取引先の担当者にメールを送ってしまうと相手の休暇を台無しにしてしまう可能性が……と考えて、土日に記述したメールも「配信タイミング」を設定して平日に送信しています。

　メール送信時に送信日時を指定したい場合は、メール作成画面の「オプション」タブから「配信タイミング」をクリックします。プロパティダイアログで「指定日時以降に配信」にチェックしたうえで日時を指定すればOKです。

　なお注意したいのは、実際にメールが送信されるのは「指定した日時以降」である点です。指定した日時以降にOutlook（アプリ）とメールサーバーが同期した時点で配信されます。この機能はあくまでもOutlook（アプリ）の機能であるため、**Outlookが起動しており、かつオンラインでなければ動作しない点に注意してください。**

配信タイミングの設定

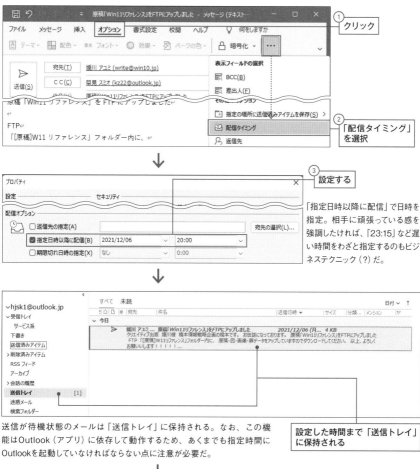

① クリック

② 「配信タイミング」
を選択

③ 設定する

「指定日時以降に配信」で日時を
指定。相手に頑張っている感を
強調したければ、「23:15」など遅
い時間をわざと指定するのもビジ
ネステクニック（?）だ。

送信が待機状態のメールは「送信トレイ」に保持される。なお、この機
能はOutlook（アプリ）に依存して動作するため、あくまでも指定時間に
Outlookを起動していなければならない点に注意が必要だ。

設定した時間まで「送信トレイ」
に保持される

指定した日時にメールが配信された。なお、メールサーバーとの同期タイミ
ングに依存するため、完全に指定日時ピッタリに送信されず数分ズレる。

指定した時間に送信された

11

Address

失敗しないメールアドレス指定

一度送信してしまったメールは、取り消しができません。つまり、「間違いのないメールアドレス指定」こそがムダのない時短なのです。

メールの作成は「返信」が基本　[Ctrl]＋[R]／[Ctrl]＋[Shift]＋[R]

メールの作成は「返信」が基本になります。なぜなら、宛先を入力すると間違えてしまう可能性がありますが、**「返信」であれば相手のアドレスを間違いなく指定できるからです。**

メールの返信は[Ctrl]＋[R]で行えますが、ビジネスで相手がCCで他者を含めている場合は、CCを含めて返信できる[Ctrl]＋[Shift]＋[R]を用いるようにします。

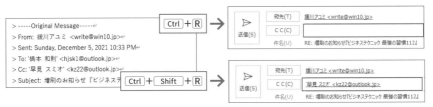

[Ctrl]＋[R]（返信）と[Ctrl]＋[Shift]＋[R]（全員に返信）の違い。ビジネスでは相手が「CC」を含めて送信してきた場合、その「CC」を含めて返信するのが基本だ。

▼返信のショートカットキー

ショートカットキー	実行内容
[Ctrl]＋[Shift]＋[R]	全員に返信（同じCCを含める）
[Ctrl]＋[R]	返信（差出人にのみ返信する）
[Alt]＋[S]	メールの送信

メールから連絡先（アドレス帳）に登録する

メールアドレスなどの情報を「連絡先」（アドレス帳）に登録したい場合は、受信メールのヘッダーにあるメールアドレスを右クリックして、ショートカットメニューから「Outlookの連絡先に追加」を選択します。

「連絡先」では名前とメールアドレスの管理の他に、住所や電話番号などの各

種情報を入力できますが、ミスを防ぐためにも手入力はせず、メール本文のフッター（署名）などから情報をコピペするとよいでしょう。

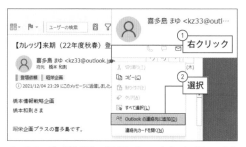

メールヘッダーで右クリックして、ショートカットメニューから「Outlookの連絡先に追加」を選択すれば、「連絡先」（アドレス帳）に簡単に登録できる。

メールや名前などは自動入力されるが、その他の項目は入力する必要がある。間違えないためにも、なるべく手入力せずにコピペするとよい。

連絡先（アドレス帳）の確認と編集　Ctrl＋3

連絡先（アドレス帳）を一覧で確認・編集したい場合はCtrl＋3でOutlookの連絡先画面に切り替えます。連絡先情報はメールにおける宛先・CC・BCCの指定に利用でき、グループ作成や会議通知などにも活用できます。

連絡先を選択してEnterを入力するか、あるいはダブルクリックすることで、詳細の確認や編集ができる。

Ctrl＋3でOutlookの「連絡先」に切り替えることができる

メール作成時に絶対にミスしない宛先指定　Alt＋T

メールを作成する際に、「宛先」「CC」「BCC」などのメールアドレス指定でミスをなくすには、相手の情報を「連絡先」に登録しておくのが基本です。

メール作成画面で「宛先」「CC」などを指定することもできますが、わかりやすいのがAlt＋Tで「名前の選択」ダイアログを表示する方法です。

「名前の選択」ダイアログで連絡先情報を選択して、「宛先」「CC」「BCC」をクリックすれば、間違いのないメールアドレス指定ができます。

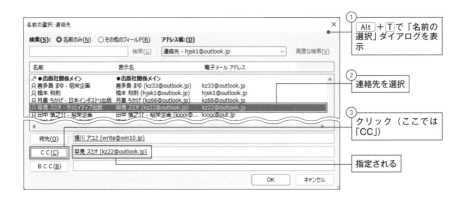

① Alt + T で「名前の選択」ダイアログを表示

② 連絡先を選択

③ クリック（ここでは「CC」）

指定される

「連絡先グループ」でメールを一括送信する

特定のメンバーにメールを送信したい場合、**「CC」「BCC」で連絡先情報を1つひとつ指定するのは面倒かつムダです**。「連絡先グループ」を作成してしまえば、グループ名を指定するだけで済みます。以後、「CC」「BCC」などで「連絡先グループ」を指定するだけで、メンバー漏れを防いで全員にメールを送ることができます。

① クリック

② 「新しい連絡先」→「連絡先グループを」を選択

③ クリック

④ グループ名を入力

⑤ クリック

メンバーが追加される

12
Prevent

送信後の「しまった!」を取り消す方法

送信した後にメール内容を見直して「しまった!」と思った経験がある人も多いと思います。ここでは、こういった送信ミスを未然に防ぐ方法を紹介します。

送信後のメールを修正できる「○分後送信」

「メールあるある」の1つに、メールを送信した後に気づく「ファイルを添付し忘れてしまった」「CCをつけ忘れてしまった」「余計な一言を書いてしまった」などのミスや後悔があります。メールを送信してしまうと、相手のメールサーバーに届いてしまうので取り消しはできません。

しかし、**Outlookの「仕分けルール」を活用すれば、送信後に一定時間内でメールの取り消しやメールの修正(編集)が可能になり、致命的なメールの送信ミスを防ぐことができます。**

「○分後送信」の設定

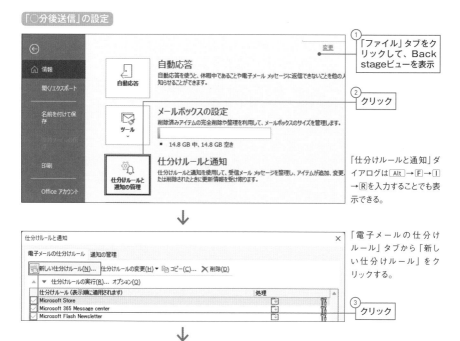

① 「ファイル」タブをクリックして、Back stageビューを表示

② クリック

「仕分けルールと通知」ダイアログは Alt → F → I → R を入力することでも表示できる。

「電子メールの仕分けルール」タブから「新しい仕分けルール」をクリックする。

③ クリック

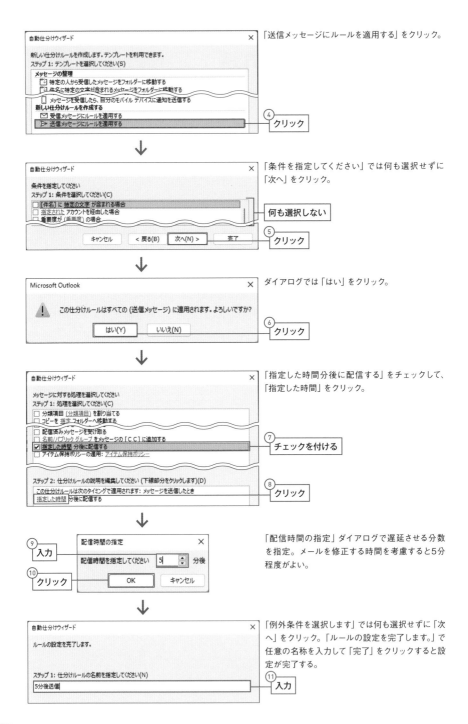

「送信メッセージにルールを適用する」をクリック。

④ クリック

「条件を指定してください」では何も選択せずに「次へ」をクリック。

何も選択しない

⑤ クリック

ダイアログでは「はい」をクリック。

⑥ クリック

「指定した時間分後に配信する」をチェックして、「指定した時間」をクリック。

⑦ チェックを付ける

⑧ クリック

「配信時間の指定」ダイアログで遅延させる分数を指定。メールを修正する時間を考慮すると5分程度がよい。

⑨ 入力

⑩ クリック

「例外条件を選択します」では何も選択せずに「次へ」をクリック。「ルールの設定を完了します。」で任意の名称を入力して「完了」をクリックすると設定が完了する。

⑪ 入力

仕分けルールによる「○分後送信」の仕組み

ここで解説した「○分後送信」を適用すると、メール作成画面から「送信」を実行しても内部処理的には「送信トレイ」にメールが待機します。送信したメールを「もう一度確認したい・修正したい・削除したい」などの場合は「送信トレイ」に待機しているメールを編集すればOKです。

ちなみに送信トレイには Ctrl + Shift + O で素早く移動することができます。

メール作成画面で「送信」を行っても、実際には「送信トレイ」に待機する。待機しているメールは編集・削除することが可能だ。なお、指定分数が経過したのちの送信処理は、Outlookが起動していてかつオンラインでなければならない点に注意だ。

memo 本設定を適用後に、例外として急ぎの案件を即時送信したい場合は、自動仕分けウィザードおける「例外条件を選択します」（前ページ手順⑩の後に表示される右図）で、「件名に特定の文字が含まれる場合を除く」をチェックして、特定の文字に「至急」などと設定します。以後、件名に「至急」が含まれる場合は例外として即時送信されます。

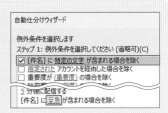

column

仕分けルールをファイルに保存しておく

「仕分けルールと通知」ダイアログでは、「分類の自動化」（p.175参照）、「自動フォルダー仕分け」（p.183参照）、「○分後送信」などの作成した仕分けルールを確認できます。また、Microsoft系アカウントである場合、別のPCのOutlookと仕分けルールを自動同期することが可能です。

なお、この仕分けルールをファイルに保存しておきたい場合は、「電子メールの仕分けルール」タブ内にある「オプション」をクリックして表示される「オプション」ダイアログで「仕分けルールをエクスポート」をクリックします。詳細に設定した大切な仕分けルールをファイルに保存しておくことができ、また保存したRWZファイルはインポートして再利用できます。

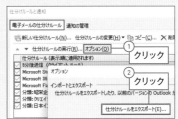

13

Control

「フラグ」と「タスク」で
返信漏れを未然に防ぐ

「フラグ」と「タスク」を活用して「返信をいつまでに」をしっかり管理しましょう。「アラーム」を設定すれば、指定時間に作業の確認も行えます。

フラグで作業と期日を管理する ⎡Alt⎤→⎡H⎤→⎡U⎤／⎡Alt⎤→⎡H⎤→⎡W⎤

受信メールを確認した際、「すぐに返信しなければならないメール」「作業を確認・完了してから返信すべきメール」「優先順位的に後日（今週中など）に返信すればよいメール」など、メールの内容次第でいつ返信すべきかは異なります。

このような**「メールの期日」を簡単に管理できるのが「フラグ」です。フラグを付けるとメールを「タスク」で管理できるのが特徴です。**

メールにフラグを付けるには、該当メールを選択（表示）している状態で「ホーム」タブから「フラグの設定」で任意のフラグをクリックします。

フラグを設定したメールは、ビュー内に「フラグ」、またメールヘッダーに「フラグ内容」が表示されるようになります。

ショートカットキーはOutlookのメール画面であれば⎡Alt⎤→⎡H⎤→⎡U⎤です。また、メッセージウィンドウであれば⎡Alt⎤→⎡H⎤→⎡W⎤になります。

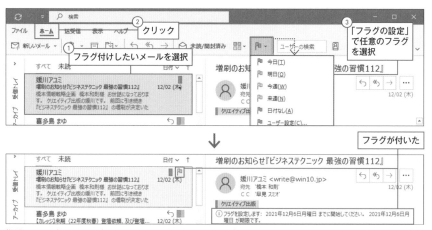

期限までに返信しなければならないメールを表示した状態で、「ホーム」タブから「フラグの設定」をクリック。該当メールに「フラグ」が表示され、またメールヘッダーにフラグ設定にしたがった内容（期日など）が表示される。

フラグで期日を管理する　Ctrl ＋ Shift ＋ G

　フラグには「今日」「明日」「今週」などいくつかの選択肢がありますが、これらには「何をしなければよいのか」を記述することはできません。

　フラグの内容を記述したうえで、開始日・期日・アラームなどを設定したい場合は、「フラグのユーザー設定」（「ユーザー設定」ダイアログ）を活用します。

　「ユーザー設定」ダイアログは「ホーム」タブから「フラグの設定」→「ユーザー設定」で表示することもできますが、素早く設定したい場合は、ショートカットキー Ctrl ＋ Shift ＋ G を利用します。前項で説明した任意選択のフラグとは異なり、Outlookのメール画面やメッセージウィンドウでも共通のショートカットキーなので、フラグの設定は Ctrl ＋ Shift ＋ G と覚えてしまうとよいでしょう。

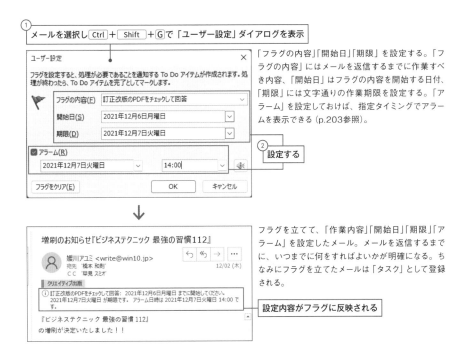

① メールを選択し Ctrl ＋ Shift ＋ G で「ユーザー設定」ダイアログを表示

「フラグの内容」「開始日」「期限」を設定する。「フラグの内容」にはメールを返信するまでに作業すべき内容、「開始日」はフラグの内容を開始する日付、「期限」には文字通りの作業期限を設定する。「アラーム」を設定しておけば、指定タイミングでアラームを表示できる（p.203参照）。

② 設定する

フラグを立てて、「作業内容」「開始日」「期限」「アラーム」を設定したメール。メールを返信するまでに、いつまでに何をすればよいかが明確になる。ちなみにフラグを立てたメールは「タスク」として登録される。

設定内容がフラグに反映される

「To Doバーのタスクリスト」で残存タスクを確認する　Ctrl ＋ 4

　フラグを立てたメールの一覧を確認したい場合には、Outlookの「タスク」を利用します。

Outlookのタスク画面に切り替えたい場合は、Ctrl + 4を入力します。

残存するタスクのみ表示したい場合は、「表示」タブから「ビューの変更」→「To Doバーのタスクリスト」をクリックします。これで、これから作業しなければならないタスクを確認できます。

また、「表示」タブから「ビューの変更」→「詳細」をクリックすれば、完了したタスクも含めて確認することができます。

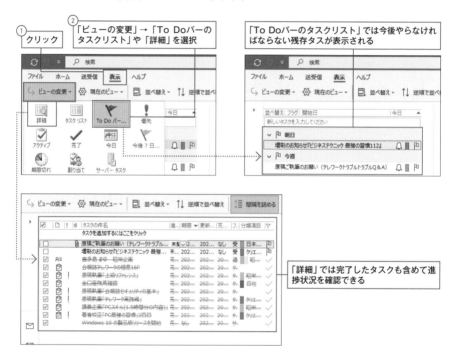

進捗状況を完了にする

フラグを立てたメールの返信や作業が完了したら、進捗状況を完了にする必要があります。

進捗状況を完了にするには、該当メールを選択・表示している状態で「ホーム」タブから「フラグの設定」→「進捗状況を完了にする」をクリックします。メール画面であればAlt → H → U → M、メッセージウィンドウであればAlt → H → W → Mで素早く「進捗状況を完了にする」こともできます。

該当メールのビューにチェックマークが付き、作業完了したことが確認できます。また、「To Doバーのタスクリスト」からも消去されます。

進捗状況の完了（メール画面）

フラグを立ててタスク化したアイテムは、作業完了後に必ず「進捗状況を完了にする」を選択する。「To Doバーのタスクリスト」から消去され文字通り作業が完了したことになる。

アラームによる通知と確認

「アラーム」を設定したメールにおいて期日までに進捗状況を完了していない場合は、Outlookが通知として「アラーム」ダイアログを表示します。

「アラーム」ダイアログでは、表示された通知項目をクリックすることでフラグを付けたメールを表示できます（フラグの内容も確認できる）。また、下部のドロップダウンで時間を選択したうえで「再通知」をクリックすることで、指定時間後に再通知を行うことができます。「アラームを消す」をクリックすれば、ダイアログ表示を閉じることができます。

なお、Outlookのアラームは「Outlookが起動している状態」でなければ表示できない仕様です。よって、**アラームを利用する場合は、Outlookが常時起動していることが前提になります**。

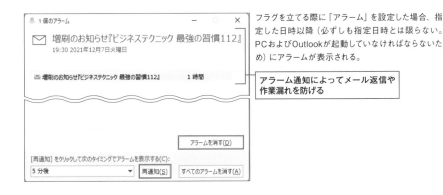

フラグを立てる際に「アラーム」を設定した場合、指定した日時以降（必ずしも指定日時とは限らない。PCおよびOutlookが起動していなければならないため）にアラームが表示される。

アラーム通知によってメール返信や作業漏れを防げる

14

Template

メール本文を「テンプレ化」する

メールはテンプレ化が命です……といってしまうのは大げさですが、お決まりのメール文章はテンプレから再利用してムダを省くべきです。

定型文をパーツ化する「クイックパーツ」 Alt + F3

いつもメール内で利用するお決まりの文章、例えば「最初の挨拶」「お礼の文章」「結びの挨拶」などは、「クイックパーツ」に登録することで、都度入力が不要になり、素早いメール作成が可能になります。

メール作成画面でテンプレートとなる文章を記述したうえで、該当文章を選択して、「挿入」タブから「クイックパーツ」→「選択範囲をクイックパーツギャラリーに保存」をクリックします。該当文章を選択してから Alt + F3 でも同様の操作が可能です。

「新しい文書パーツの作成」ダイアログが表示されたら、「名前」に任意の名前を入力して「OK」をクリックすれば登録完了です。なお、**この「名前」はクイックパーツ利用時にも指定するので、短くわかりやすい文字列を登録するのがコツです。**

例えば、筆者はメールの「最初の挨拶」の定型文として、『様［改行］［改行］橋本情報戦略企画の橋本です。［改行］いつもお世話になっております。』という文章を「様」という名前で登録しています。

① 定型文となる文章を入力して選択

② Alt + F3 で「新しい文書パーツの作成」ダイアログを表示

③ 短くわかりやすい任意の名前を入力

定型文の登録はOutlookのメール作成画面で行うとよい。

登録したクイックパーツを挿入する　F3

　登録したクイックパーツは「挿入」タブから「クイックパーツ」→［任意のクイックパーツ］で文中に挿入することができますが（メッセージウィンドウのみ）、Outlook 2021ではリボンが簡略化された関係でリボン操作はかなり遠回りで面倒です。クイックパーツに登録した定型文を素早く挿入したい場合は、**登録時の「名前」を入力して**F3**がお勧めです。**

クイックパーツの挿入

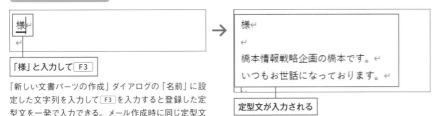

「様」と入力して F3

「新しい文書パーツの作成」ダイアログの「名前」に設定した文字列を入力してF3を入力すると登録した定型文を一発で入力できる。メール作成時に同じ定型文を何度も入力するというムダをなくすことができる。

定型文が入力される

クイックパーツの管理

　「クイックパーツ」の管理を行うには、メッセージウィンドウの「挿入」タブから「クイックパーツ」→「定型句」→［任意のクイックパーツ］を右クリックして、ショートカットメニューから「整理と削除」を選択します。「文書パーツオーガナイザー」ダイアログでは、クイックパーツの編集や削除を行うことができます。

　なお、Outlookの仕様上、**この機能へアクセスするにはメッセージ形式が「HTML形式」である必要があります**（p.186参照）。

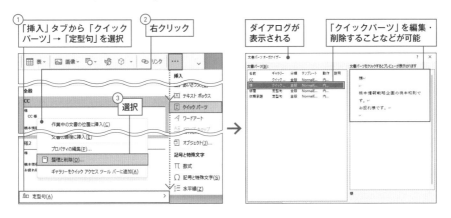

① 「挿入」タブから「クイックパーツ」→「定型句」を選択
② 右クリック
③ 選択
ダイアログが表示される
「クイックパーツ」を編集・削除することなどが可能

メールのテンプレをファイル化して活用する

　定期的な請求書の要求や受領、定例会議の開催予定、グループ向けのお礼通知などは、「件名・宛先・メール本文」のすべてをテンプレ化しておけば、一部分のみを修正するだけで事が足ります。

　ちなみに、このような件名や宛先を含むテンプレートを作成したい場合は、**メッセージファイル（MSGファイル）**として保存して活用します。

　テンプレートとなる件名・宛先（任意）・メール本文を記述したうえで、Alt→F→Aを入力し、「ファイル名を付けて保存」ダイアログが表示されたらわかりやすいファイル名（「件名」のままを推奨）でMSGファイルとして保存します。

　以後、保存した「MSGファイル」はエクスプローラーでダブルクリックするだけで、送信メールのテンプレートとして活用することができます。

　MSGファイルは自身だけではなく、コピーすれば社内でもテンプレートとして共有できます。**メール作成における時短の真骨頂が「メールのテンプレをファイル化」することなのです。**

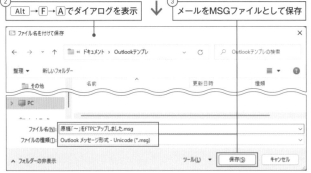

筆者は、メールごとに書き換えないといけない箇所には、再送信時に入力漏れがないように「＝（ゲタ。伏字などに利用する記号）」を挿入している。ちなみに常に同じ相手に送るのであれば宛先もテンプレ化するとよい。

① メール作成画面でテンプレ文章を入力

適切なフォルダーに保存して、後でファイル名を見るだけでテンプレ内容がわかるようにしておくとよい。MSGファイルはダブルクリックするだけで、すぐにテンプレが反映されたメール作成画面に移行できる。これぞムダなし仕事術だ。

15
Signature

「署名」の賢い使い方

メールにおいて「署名」は、自社や自分の情報を示すための重要なパーツです。複数の署名を用意すればメールも仕事もスムーズになります。

複数の署名を使い分ける

メールの署名は、送信者の「自社名」「名前」「連絡先」などを記述して、メールの末尾に挿入するのが基本です。

署名を1つだけ作成して使いまわしている人が多いと思いますが、筆者は4種の署名を作成して、取引の頻度や重要度などで場面に応じて使い分けています。

- ・「取引先用」 すべての連絡先情報が記述された署名（通常利用）
- ・「取引先用（画像付き）」 すべての連絡先情報に加えて広告画像をつけて自社の実績をアピールできる署名（新規取引先などで自社をプレゼンすべき場面で利用）
- ・「シンプル」 名前とメールアドレスのみ記述した署名（社内連絡など相手に情報を教える必要がない場面で利用）
- ・「署名なし」 何も記述していない署名（メールラリーなど署名が不要な場面で利用）

みなさんも取引先用・社内用・英語（各国語）などの署名バリエーションをいくつか作成しておくと、**署名の不要な情報を消す・追記するなどのムダな作業が必要なくなり、業務を効率化できます。**

署名を作成する

「署名」を作成するには Alt → F → T と入力して、「Outlookのオプション」ダイアログの左欄で「メール」を選択して、「メッセージの作成」欄の「署名」をクリックして、「署名とひな形」ダイアログを表示します。

またこの他に、メール作成画面（メッセージウィンドウ）で、「挿入」タブから「署名」→「署名」をクリックすることでも同様に「署名とひな形」ダイアログを表示できます。こちらのほうが手順としては簡単なのでお勧めです。

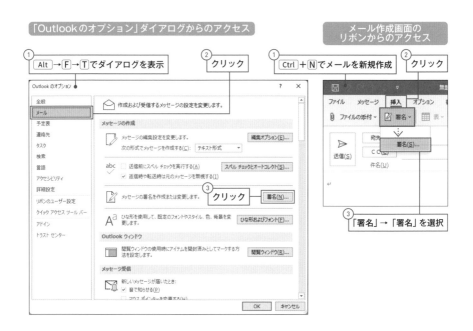

　新規に署名を作成するには、「署名とひな形」ダイアログで「新規作成」をクリックします。署名に記述する情報は「署名のひな形」(次ページ参照) を参考に、自分の業務スタイルや連絡先に合わせてカスタマイズするとよいでしょう。

署名の作成　　　　　　　　　　　　**署名の編集**

署名のひな形

番号	構成要素	記述内容
①	区切り線	「—」や「-」「=」など
②	会社名	自社名を記述
③	自社Webサイト	自社WebサイトのURLを記述（存在する場合）
④	職位	役職などを記述（任意）
⑤	自分の名前	フルネームを記述。読みにくい場合はフリガナも
⑥	メールアドレス	メールアドレスを記述
⑦	住所	郵便番号から記述
⑧	電話番号	自分と連絡が取れる電話番号を記述（必要に応じて内線番号なども）
⑨	画像	自社のロゴやアピールなどの画像を挿入

署名の作成。場面に応じて複数のバリエーションをあらかじめ作成しておくと効率的だ。なお、メールが「テキスト形式」である場合、署名におけるフォントサイズや色の設定や挿入した画像は反映されない。

最初から署名が挿入された状態にする

最初から署名が挿入された状態にしたい場合は、「署名とひな形」ダイアログの「既定の署名の選択」欄で「新しいメッセージ」と「返信/転送」にそれぞれ標準設定となる署名を指定します。

なお、新規メールや返信メールでは、設定した署名が自動挿入されますが、別の署名にしたい場合は、「挿入」タブの「署名」から選択します（Alt→N→A→S）。

第5章

作業効率を高める
究極の便利テクニック

本章では、**もう一歩踏み込んだWindows環境を実現する**ためのテクニックやカスタマイズ方法について解説します。

　各アプリの機能面を理解することも重要ですが、同じくらい「**快適な作業環境を作ること**」も大切です。

　デスクトップやマウス、Webブラウザーなどに関する「**普段なんとなく使えているので改善を怠っている事柄**」をこのタイミングで改めて見直すことで、ストレスのない快適な作業環境を実現しましょう。

01　集中力を高める環境づくり

02　数秒で昨日の作業を再開する

03　マウスを調整してムダをなくして使いやすくする

04　見やすさと使いやすさの追求

05　Webブラウザーの便利機能

01 集中力を高める環境づくり

Concentration

仕事に集中するためには、必要なものしか目に入らないようにすることが大切です。ここでは集中するためのデスクトップ管理と機能について解説します。

デスクトップには余計なものを置かない

デスクトップには余計なものは置かずに、必要最低限のアイテムのみ配置して作業に集中できる環境を構築します。不要なショートカットアイコンは削除します。また、**デスクトップはファイルを直接置く場所ではない**ため、各ファイルはドキュメントフォルダーなど決められた場所に移動して整理します。

ちなみに、既存のアイコンを片付けてしまうことに迷いがあるという場合は、デスクトップに「旧アイコン」という名のフォルダーを作成して、削除すべきか迷っているアイコンをそのフォルダーに移動してしまうとよいでしょう。後日作業中にどうしても必要になったアイコンは、「旧アイコン」フォルダーからデスクトップに戻せばよいからです。

とにかく、デスクトップは「シンプルイズベスト」を心がけます。

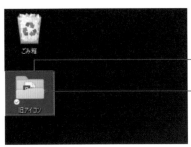

Ctrl + Shift + Nで「旧アイコン」フォルダーを作成

「旧アイコン」フォルダーに配置に迷う現在のデスクトップ上のアイコンを移動して様子を見る

作業中のショートカットアイコンのみ配置する

デスクトップには「現在作業中のフォルダー（あるいは毎日作業するフォルダー）」のショートカットアイコンのみを配置すると作業効率を高められます。

これはデスクトップを見るだけで「今作業しなければならない事柄」を瞬時に把握できるからです。

　なお、ショートカットアイコンは、対象フォルダーをデスクトップに右ドロップ（マウスの右ボタンでドラッグ＆ドロップ）して、ショートカットメニューから「ショートカットをここに作成」を選択することで作成できます。

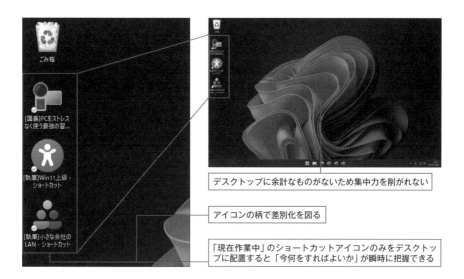

デスクトップに余計なものがないため集中力を削がれない

アイコンの柄で差別化を図る

「現在作業中」のショートカットアイコンのみをデスクトップに配置すると「今何をすればよいか」が瞬時に把握できる

すぐに作業を開始できる超時短

　デスクトップのショートカットアイコン（以後、アイコン）は以下のようなカスタマイズが可能です。

　・アイコンの柄の変更
　・アイコンに独自のショートカットキーを割り当てる

　アイコンの下に表示される「アイコン名」は、背景画像によってはかなり視認性が悪く読みにくくなります。このようなときは、**アイコンの柄で作業フォルダーを判断できるように「アイコンの変更」を行いましょう**。アイコンを探す手間とストレスを軽減できます。
　また、さらに**アイコンに対して独自のショートカットキーを割り当てれば、目的の作業フォルダーにすぐにアクセスできる**ようになります。アイコンにアクセスする際にいちいち「デスクトップ上のウィンドウをどかして、アイコンをダブルクリック」などの手間が不要になり時短を実現できます。

筆者は2～3の執筆業務を並行して行いますが、この各執筆作業フォルダーにショート
カットキーを割り当てています。これにより、目的の執筆原稿にすぐにアクセスできるようにな
り、並行作業における効率化を実現しています。

アイコンの変更とショートカットキーの割り当て

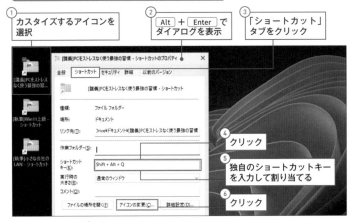

① カスタイズするアイコンを選択

② Alt + Enter でダイアログを表示

③ 「ショートカット」タブをクリック

アイコンには、他のアプリとバッティングしない独自のショートカットキーを割り当てる。なお、このカスタマイズが可能なのはあくまでも「デスクトップのショートカットアイコン」のみだ（直接配置したフォルダーは不可）。

④ クリック

⑤ 独自のショートカットキーを入力して割り当てる

⑥ クリック

「アイコンの変更」ダイアログで任意のアイコンの柄に変更できる。

⑦ 任意のアイコンを選択

⑧ クリック

活用例

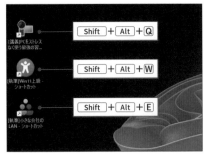

Shift + Alt + Q

Shift + Alt + W

Shift + Alt + E

独自ショートカットキーは、左手の指が届く範囲で自分が覚えやすいものを定義。またアイコンの柄を変更すれば、視認性が高まり、作業フォルダーを見分けやすくなる。なお、「現在作業中」ではなくなったアイコンは、デスクトップから削除することも集中力を高める管理として重要だ。

集中しやすいテーマと背景画像を設定する

　Windowsの背景や色などの配色は、集中力を高めるうえで重要なファクターの1つです。**一般的には暗めのデスクトップのほうが文字が見やすく、かつアプリ作業に集中できます。**

　デスクトップテーマを暗めにしたい場合は、「設定」（⊞+I）→「個人用設定」→「テーマ」を選択して、「現在のテーマ」から配色が暗めのテーマ（ダークテーマ）を選択します（あるいは「設定」→「個人用設定」→「色」でモードを変更）。

　また、明るめのテーマ（ライトテーマ）のまま、背景のみを暗くしたいという場合は、「設定」→「個人用設定」→「背景」を選択して、画像の一覧や「写真を参照」から、暗めの背景画像を選択します。

テーマの変更

① 「設定」→「個人用設定」→「テーマ」を開く

② 「ダークテーマ」をクリック

Windowsがダークテーマになる

背景の変更

① 「設定」→「個人用設定」→「背景」を開く

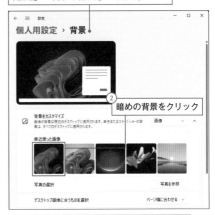

② 暗めの背景をクリック

Windowsの配色を変えずに壁紙のみ暗くなる

タスクバーに余計なものを配置してはいけない（Windows 11）

　Windows 11のタスクバーは［スタート］ボタンの横に「検索」「タスクビュー」「チャット」などが配置されていますが、これらはすべてショートカットキーで呼び出せるため（次ページの表を参照）、アイコンとして配置しておく意味はあまりありません。「設定」→「個人設定」→「タスクバー」を選択して（あるいはタスクバーを右クリックして「タスクバーの設定」をクリック）、各項目をオフにすると、余計なアイコン表示がなくなりすっきりします。

デフォルトで表示されているタスクバー項目は、すべて不要なので「オフ」に設定する。不要なアイコン表示をオフにすると、タスクバーアイコンに対する[⊞] + [数字]のショートカットキーがわかりやすくなる（p.22参照）。

すべて「オフ」にする

非表示にする

▼各項目のショートカットキー

項目	ショートカットキー
「検索」(Search)	[⊞] + [S]
「タスクビュー」	[⊞] + [Tab]
「ウィジェット」(Widget)	[⊞] + [W]
「チャット」(Chat)	[⊞] + [C]

アイコンの位置を固定する（Windows 11）

　Windows 11は、［スタート］ボタンを含めたアイコン群をタスクバーの中心に配置しますが、以前のように［スタート］ボタンをタスクバーの左端に配置したい場合は、「設定」→「個人設定」→「タスクバー」を選択して（あるいはタスクバーを右クリックして「タスクバーの設定」をクリック）、「タスクバーの動作」欄内の「タスクバーの配置」から「左揃え」を選択します。

　左揃えにすると、タスクバー上のアイコンが増減しても位置が固定されるため、使いやすさが向上します。

タスクバー上のアイコンを左揃えにしておけば、新しいアプリを登録したり、起動したりしても、既存のアイコン位置がズレるのを防ぐことができる。

「左揃え」を選択

タスクバー上のアイコンを従来OSのようにレイアウトできる

┃「フォーカスセッション」を使って作業に集中する（Windows 11）

　フォーカスセッションを活用すれば、時間を決めて「集中」することができます。「仕事に○○分集中しよう」というスタイルであるならば、[⊞]＋[N]で通知センターを表示して、「〜分間」を任意選択したうえで「フォーカス」をクリックします。カウントダウンがはじまり、**優先通知を除く通知が非表示になるため作業に集中できます。**

　決められた作業時間内は頑張り、終了したら休むというサイクルで仕事をする人にはお勧めの機能です。

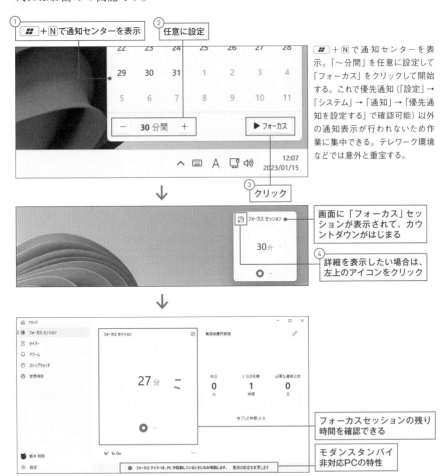

① [⊞]＋[N]で通知センターを表示
② 任意に設定

[⊞]＋[N]で通知センターを表示。「〜分間」を任意に設定して「フォーカス」をクリックして開始する。これで優先通知（「設定」→「システム」→「通知」→「優先通知を設定する」で確認可能）以外の通知表示が行われないため作業に集中できる。テレワーク環境などでは意外と重宝する。

③ クリック

画面に「フォーカス」セッションが表示されて、カウントダウンがはじまる

④ 詳細を表示したい場合は、左上のアイコンをクリック

フォーカスセッションの残り時間を確認できる

モダンスタンバイ非対応PCの特性

少々難しい話になるがモダンスタンバイ非対応PC（p.220のコラム参照）の場合、フォーカスタイマーを鳴動するには常にPCを起動しておく必要がある。

02

Power Operation

数秒で昨日の作業を再開する

PCの電源管理を工夫すると、すぐに作業を再開できます。また、セキュリティにもパフォーマンスにも効果があります。

┃いつでもすぐに作業を再開する方法

いちいち同じアプリを起動し直す、同じデータを開き直す、同じWebページを再検索して表示し直す……このようなムダな作業は避けるべきです。

「必要なウィンドウを開いたまま切り替えて作業すべし」と第1章で解説しましたが（p.29参照）、作業効率をさらに追求するのであれば**PCをシャットダウンせずにスリープで運用**するようにします。

スリープ時のデスクトップの状態がPCのメモリに保持されるため、電源を入れてサインインすればそのままスリープ時の作業を再開でき、**「起動し直す・開き直す・表示し直す」というムダをなくして時短を達成**できます。

また、数分程度の離席であれば「ロック」を活用するとよいでしょう。

なお、「スリープ」はPCの種類（次ページ参照）によって動作が異なるため、就業規則やデータの置き場所なども考慮して、スリープ運用の可否を判断するようにします。

筆者は食事の際や1日の作業を終えた場合でも、電源は切らず、アプリやデータも開きっぱなしで「ロック」あるいは「スリープ」や「休止状態」（次項参照）を利用する。これにより、食事後でも翌日でもデスクトップ作業をすぐに再開できる。

離席時：
⊞+L （ロック）

1日の作業終了時：
⊞+X→U→S （スリープ）

動作	ショートカットキー
スリープ（Sleep）	⊞＋X→U→S
休止状態（Hibernation）	⊞＋X→U→H
再起動（Reboot）	⊞＋X→U→R

電源操作はショートカットキーで素早く行う

「休止状態」を利用するにはカスタマイズが必要（次項参照）

PCの電源特性の理解と「休止状態」の活用

PCの電源操作において「スリープ」を選択すると、下表のようにPCの種類によって動作が異なります。

▼PCの種類による電源特性の違い

PCの種類	「スリープ」操作の電源特性
一般的なノートPC	「スリープ」が適用されて、一定時間経過後に「休止状態」が適用される
デスクトップPC	「ハイブリッドスリープ」が適用されて、スリープと休止状態の双方が適用される
モダンスタンバイ対応PC	低電力状態で対応アプリの動作や通信などを継続する

※メーカーの出荷状態にもよる。

機能としての「スリープ」とは、メモリに作業内容を保持している状態です。一方、「休止状態」とは、システムストレージ（SSD）に作業内容を保持している状態です（操作のスリープと機能のスリープでは意味が異なる点に注意）。

「休止状態」であればストレージに内容が保持されるため、仮に休止状態中に停電が起こったとしても、作業に復帰できるのがポイントです。

この点を考慮すると、普段は「スリープ」を利用したうえで、退社時や就寝時などは「休止状態」を活用するのも1つの方法です。休止状態は待機電力のみであり（PCをシャットダウンしたときと消費電力は変わらない）、また復帰時に前回の作業状態を復元できるため便利です。

なお、Windows標準では電源操作に「休止状態」は表示されません。表示したい場合には、⊞→CONでコントロールパネルを選択してEnterを押します。コントロールパネル（アイコン表示）から「電源オプション」を選択して、左ペインで「電源ボタンの動作の選択」をクリックします。「現在利用可能ではない設

定を変更します」をクリックしたうえで、「シャットダウン設定」欄にある「休止
状態」をチェックして「変更の保存」をクリックします。

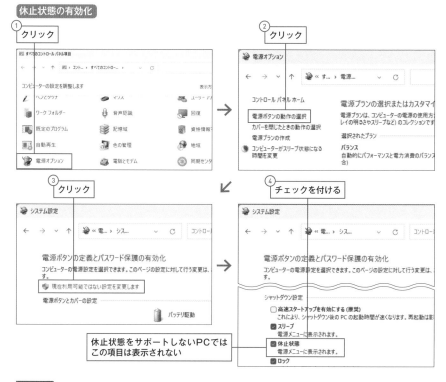

休止状態の有効化

① クリック
② クリック
③ クリック
④ チェックを付ける

休止状態をサポートしないPCでは
この項目は表示されない

column

モダンスタンバイ対応の確認

「モダンスタンバイ」とは、Surfaceなどの一部のPCがサポートする低電力機能で、一般
的なPC（モダンスタンバイ非対応PC）がスリープ中には何の動作も行わないのに対して、
モダンスタンバイ対応PCではスマートフォンのようにスリープ中でも通信を行い、また一部
の対応アプリが動作し続けるのが特徴です。

例えば、モダンスタンバイ非対応機であれば、フォーカスセッションにおいてスリープにし
ていてもフォーカスタイマーが指定時間経過後に鳴動し（p.217参照）、対応メディアプレイ
ヤーであればスリープしても音楽再生を継続することなどが可能です。

自分のPCがモダンスタンバイ対応か否かを確認したい場合は、■+Rで「ファイル名を
指定して実行」で「CMD」と入力実行して、コマンドプロンプトを起動します（Windows
PowerShellでもOK）。

プロンプトに「POWERCFG /A」と入力して Enter で、「S0 低電力アイドル」が存在すればモダンスタンバイ対応PCとなり、それ以外の表示の場合は非対応になります。

モダンスタンバイ対応PC

モダンスタンバイ対応PC：スリープ中でも通信と一部のアプリ動作を継続する

一般的なPC

モダンスタンバイ非対応PC：スリープ中は通信もアプリ動作もできない。ただし、Windowsのスケジュール（タスクスケジューラー）にしたがった電源復帰と動作は可能

column

PCをシャットダウンすることのデメリット

　PCをシャットダウンしてしまうと、下表のようなメンテナンスが滞ります。メンテナンスが滞るとデスクトップ作業中に裏タスクとして実行されてしまうため、デスクトップ動作が重くなり、場合によっては「更新が進行中」などと表示されて作業ができなくなってしまうこともあります。

　一方、適切に「ロック」や「スリープ」などを適用すれば、下表のようなメンテナンスはユーザーがPCに触れていない間に自動実行されるため、日常作業が重くならず、またパフォーマンスやセキュリティが最適化されます。

▼Windowsの自動メンテナンスの一部

自動メンテナンス	内容
更新プログラムのダウンロードとインストール	セキュリティ強化、機能強化、パフォーマンスの改善
トリム・デフラグ	SSD・ハードディスクのファイルアクセス速度改善＆安定性の確保
検索インデックス	検索時に検索結果を素早く表示＆ファイル内容まで検索できるようにする
定期的なウィルススキャン	ドライブをスキャンしてマルウェアを駆除する
ファイルのクリーニング	不要なテンポラリファイルを削除して空き容量を確保する

更新が進行中です。
コンピューターの電源を入れたままにしてください。

非作業時間帯に常にPCをシャットダウン運用していると、翌日にPCの電源を入れた際に「更新が進行中」などと表示され、作業できない場合がある。PCに自動メンテナンスする余裕を与えなかった結果だ。

マウスを調整してムダをなくして使いやすくする

ムダのない作業に必要なショートカットキーを極めたら、次は「マウス」を使いやすくして、さらなる効率化を図りましょう。

マウスポインターを見やすくして作業効率を高める

マウスポインターの視認性を高める……、たったこれだけでPCは使いやすくなります。

マウスポインターは「設定」（[⊞]+[I]）→「アクセシビリティ」→「マウスポインターとタッチ」でカスタマイズすることができます。

マウスポインターの色を変更したい場合は、「マウスポインターのスタイル」欄にある「カスタム」をクリックして、任意の色を適用します。「サイズ」でマウスポインターの大きさを変更することも可能です。

マウスポインターのカスタマイズ

マウスポインターは色と大きさをカスタマイズできる。こんな単純なカスタマイズだけで操作環境はかなり改善する。

十字線型のマウスポインター

Microsoft PowerToys（p.87参照）のマウスユーティリティを活用すれば「十字線」も可能になる。十字線は不透明度や太さなども設定できるため、マウスポインターを大きくすると肝心なポイント位置がわかりづらくなるなどの場合は、こちらを採用するのも有効だ。

> **memo** 本書の各設定記述はWindows 11を前提としています。Windows 11の「設定」での「アクセシビリティ」や「Bluetoothとデバイス」は、Windows 10の「設定」では「簡単操作」や「デバイス」なります。

マウスカーソルの違い

 通常

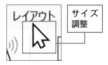 サイズ調整

 色カスタマイズ

マウスポインターのカスタマイズ。大きくすると見やすくなる。環境によっては色をカスタマイズするのもありだ。

ホイールボタンを使って快適なスクロールを実現する

　マウスホイールを過剰にくるくる回していないでしょうか？　巨大なスプレッドシートやWebページなどを閲覧する際についついマウスホイールでくるくる操作してしまいがちですが、**これを多用していると指や筋肉を痛める原因になります。**

　スクロールをスマートに行いたい場合は `Page Up` `Page Down` などを活用するのも手ですが、ホイールボタンを使う方法も便利です。ホイールボタンをクリックすると「**スクロールモード**」になり、マウスポインターを上下左右に移動するだけでスクロールできます。

　なお、移動量によって移動速度が変わるため、操作には少し慣れが必要です。

ホイールボタンをクリックするとスクロールモードになる

スクロールモード時アイコン

マウスポインターが離れれば離れるほど高速移動になる

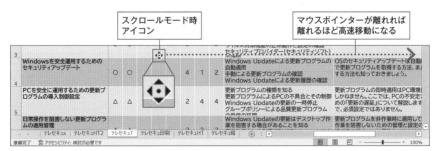

スクロールモードに切り替えれば、単純なマウスの上下左右移動で対象方向へのスクロールになるため、スクロールバーのドラッグやホイール回転よりも場面によっては素早いスクロールが可能だ。

▼マウスホイールの機能

操作内容	動作
ホイール回転	上下スクロール
`Ctrl`＋ホイール回転	拡大・縮小
ホイールチルト（傾ける）	左右スクロール
ホイールボタンをクリック	スクロールモードに切り換わる

※各機能の対応や詳細はマウスのモデルによって異なる。

マウスをカスタマイズする

　マウスポインターの速度（感度）やマウスホイールを回転させた際のスクロール行数は「設定」→「Bluetoothとデバイス」→「マウス」でカスタマイズすることができます。

　これらはいずれも割と地味な設定ですが、自身が使いやすいように設定すれば、マウス操作が快適になり、操作の精度が高まるため時短効果も期待できます。

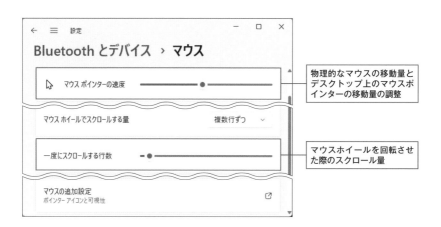

　また、「マウスの追加設定」をクリックすれば、「ポインターオプション」タブ内で、移動時に軌跡を表示することや Ctrl を押した際にマウスポインターの位置を示す設定なども可能です。双方ともマウスポインターの位置を見失いがちな環境では有効な設定です。

タッチパッドをカスタマイズする（Windows 11）

ノートPCに搭載されている高性能タッチパッドは、Windowsの多くの操作をジェスチャで済ますことができます。高性能タッチパッドにおける、標準的なジェスチャの割り当ては下表のようになっています。

高性能タッチパッド

▼高性能タッチパッドで可能なジェスチャ操作

タッチパッド操作	動作 （相当するショートカットキー）
2本指ドラッグ	スクロール
2本指ピンチ	ズーム
2本指タップ	右クリック
3本指タップ	検索を開く（ **⊞** ＋ S ）

タッチパッド操作	動作 （相当するショートカットキー）
3本指上スワイプ	タスクビュー（ **⊞** ＋ Tab ）
3本指下スワイプ	デスクトップの表示（ **⊞** ＋ D ）
3本指左右スワイプ	アプリの切り替え（ Alt ＋ Tab ）
4本指タップ	通知センター（ **⊞** ＋ N ）

※各機能の割り当てはメーカーによって異なる。

また、カスタマイズでショートカットキーを割り当てることも可能で、**よく利用するショートカットキーを高性能タッチパッドのジェスチャに割り当てれば作業を効率化できます。**

筆者はスクリーンショットをよく利用するので、3本指タップに **⊞** ＋ Print Screen を割り当てています。このような両手を使うショートカットキーを、片手で可能なタッチパッドジェスチャに割り当てると作業の効率化ができます。

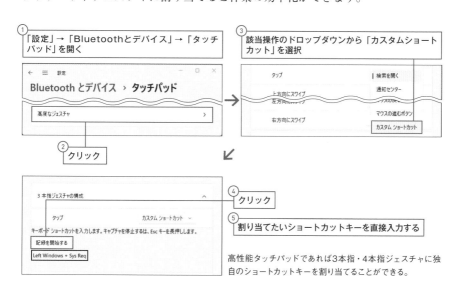

① 「設定」→「Bluetoothとデバイス」→「タッチパッド」を開く

② クリック

③ 該当操作のドロップダウンから「カスタムショートカット」を選択

④ クリック

⑤ 割り当てたいショートカットキーを直接入力する

高性能タッチパッドであれば3本指・4本指ジェスチャに独自のショートカットキーを割り当てることができる。

04

Customize

見やすさと使いやすさの追求

道具を使いやすくすると作業効率も改善します。つまり、私たちが追求すべきはWindowsのデスクトップを使いやすく、見やすくすることです。

デスクトップの拡大率を最適化する

Windowsでは、デスクトップの拡大率を変更することで見やすい大きさに調整することができます。

拡大率を指定したい場合は、「設定」（[⊞]+[I]）→「システム」→「ディスプレイ」を選択して、「拡大/縮小」欄で任意の拡大率を指定します。

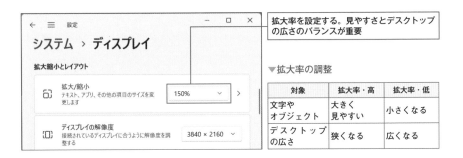

拡大率を設定する。見やすさとデスクトップの広さのバランスが重要

▼拡大率の調整

対象	拡大率・高	拡大率・低
文字や オブジェクト	大きく 見やすい	小さくなる
デスクトップ の広さ	狭くなる	広くなる

拡大率100%

拡大率125%

テキストサイズを最適化する

先に解説したデスクトップの拡大率は「拡大すると狭くなる」「縮小すると文字が小さくて見にくい」という形になるのですが、文字（テキスト）だけを拡大して視認性を高めたい場合は、「設定」→「アクセシビリティ」→「テキストのサイ

ズ」を選択して、「テキストのサイズ」のスライダーで任意のサイズを指定して「適用」をクリックします。なお、テキストサイズの変更は文字の周囲のアイテムのサイズも調整するため、厳密に文字のみを大きくするわけではありません。

文字（テキスト）だけを拡大できる

> memo ディスプレイのインチ数や画面解像度（フルHD・4Kなど）によって、最適なバランスは異なります。高解像度ディスプレイであれば「デスクトップの拡大率」を100%のまま、「テキストのサイズ」を150%などにすると、高解像度を活かしたまま文字の視認性を高めることができます。

文字カーソルを強調する

　マウスポインターを見やすくする設定についてはp.222で解説しましたが、「文字カーソル」を見やすくすることも有効です。見やすくするには「設定」→「アクセシビリティ」→「テキストカーソル」を選択して、「テキストカーソルインジケーター」をオンにしたうえで、サイズ調整と色選択を行います。また、設定下欄にある「テキストカーソルの太さ」も併せて調整します。

　高解像度ディスプレイなどで**「文字カーソルを探す」**というストレスをなくすことができます。

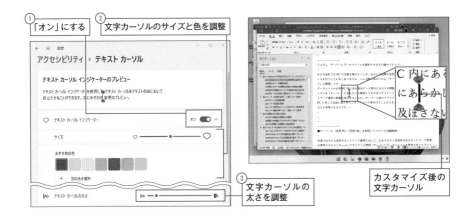

① 「オン」にする
② 文字カーソルのサイズと色を調整
③ 文字カーソルの太さを調整
カスタマイズ後の文字カーソル

アニメーション効果を停止し、通知時間を最適化する

　Windowsは視覚効果として、さまざまな箇所でアニメーションを行います。例えば、ウィンドウを最小化・復元する際の拡大・縮小アニメーションや、メニューを表示する際のアニメーションなどです。

　これらは見栄えはよいのですが、機能的な意味は特になく、**人の集中力を妨げたり、PCの処理負荷を高めるなどのデメリットが存在します**。そのため、Windowsのアニメーション効果はオフにすることをお勧めします。

　このような視覚効果を調整したい場合は、「設定」→「アクセシビリティ」→「視覚効果」で各種設定を行います。ここでは、透過効果やアニメーション効果の有無を設定できるだけでなく、トースト通知を表示する時間なども設定できます。

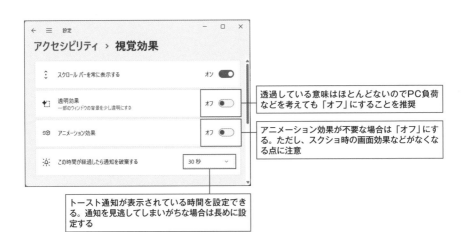

透過している意味はほとんどないのでPC負荷などを考えても「オフ」にすることを推奨

アニメーション効果が不要な場合は「オフ」にする。ただし、スクショ時の画面効果などがなくなる点に注意

トースト通知が表示されている時間を設定できる。通知を見逃してしまいがちな場合は長めに設定する

サインイン時に指定アプリを自動起動する

PCを起動してサインインする際に指定のアプリを自動起動させたい場合は、■+Rで「ファイル名を指定して実行」を表示して「SHELL:APPSFOLDER」と入力し、Enterで「Applications」フォルダーを開きます。

また同様に■+Rで「ファイル名を指定して実行」を表示して「SHELL:START UP」と入力し、Enterで「スタートアップ」フォルダーを開きます。

自動起動したいアプリアイコンを「Applications」フォルダーから、「スタートアップ」フォルダーにドロップすれば、該当アプリがサインイン時に自動起動します。よく利用するアプリを自動起動することで、「起動する」という手間がなくなり時短になります。

自動起動の設定

■+Rで表示できる

それぞれ「SHELL:APPSFOLDER」と「SHELL:STARTUP」と入力実行して、各フォルダーを開く。

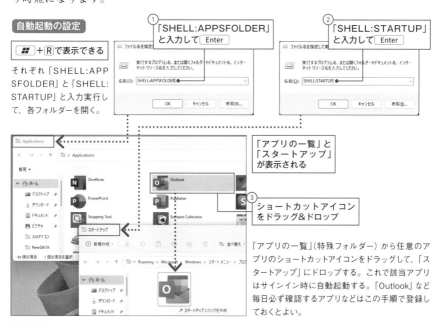

① 「SHELL:APPSFOLDER」と入力して Enter

② 「SHELL:STARTUP」と入力して Enter

「アプリの一覧」と「スタートアップ」が表示される

③ ショートカットアイコンをドラッグ&ドロップ

「アプリの一覧」(特殊フォルダー) から任意のアプリのショートカットアイコンをドラッグして、「スタートアップ」にドロップする。これで該当アプリはサインイン時に自動起動する。「Outlook」など毎日必ず確認するアプリなどはこの手順で登録しておくとよい。

ロックとサインインの時短

サインイン時のPIN入力の面倒くささを回避したければ、「Windows Hello指紋認識」あるいは「Windows Hello顔認識」のどちらかを利用します (要、対応ハードウェア)。

各種Windows Helloは「設定」→「アカウント」→「サインインオプション」で設定できます。この設定を有効にすることで、サインインを素早くできる時短を実現でき、生体認証によってセキュリティを高めることも可能です。

Webブラウザーの便利機能

Webブラウザーは仕事でよく利用するアプリの1つです。この操作を極めれば仕事が楽になり、時短も達成できます。

リンククリックの時短　Ctrl ＋クリック

　Webのリンク一覧でリンクをクリックするとリンク先が表示されますが、Web検索などにおいて片っ端からリンク先を表示したい場合は、「リンククリック→戻る」を繰り返すよりも、**Ctrl ＋クリックして新しいタブで次々と表示したほうが便利です。**開いたタブは Ctrl ＋［数字］を入力することで該当する順序のタブにジャンプできます。

　筆者のお勧めは Ctrl ＋クリックで必要なWebページをタブで開いたのち、Ctrl ＋9で右端のタブにジャンプし（タブを開いている数に関わらず末端のタブにジャンプできる）、内容を確認したら Ctrl ＋W で順次閉じていくという方法です。この方法であれば複数のリンク先の情報を素早く効率的に閲覧することができます。

効果的な閲覧方法

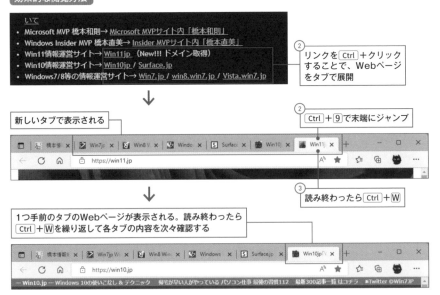

Webブラウザー独自のホイールボタンを活用する

Webブラウザーには、マウスのホイールボタンに独自のショートカット操作が割り当てられています。

例えば、Webページを新しいタブで開く方法として、前ページではリンクを[Ctrl]＋クリックする方法を紹介しましたが、リンクをホイールボタンでクリックすることでも同様の操作が可能です。また、Webブラウザーのタブはホイールボタンをクリックすることで閉じることもできます。

他にも、お気に入り（ブックマーク）をフォルダーで管理している場合、該当フォルダーをホイールボタンでクリックすることでフォルダー内のすべてのリンクをタブで開くこともできます。これらの操作はとても効率的なので、ぜひ活用してください。

▼Webブラウザーでのホイールボタン操作のまとめ

ホイールボタン操作	動作
リンクをホイールボタンクリック	新しいタブで開く
タブをホイールボタンでクリック	タブを閉じる
お気に入りのフォルダーをホイールボタンでクリック	すべてのリンクをタブで開く

誤って閉じたタブを復活させる　[Ctrl]＋[Shift]＋[T]／[Ctrl]＋[Shift]＋[A]

誤って閉じてしまったタブは、閉じた直後であれば[Ctrl]＋[Shift]＋[T]を入力することで復元できます。

また、[Ctrl]＋[Shift]＋[A]を入力することで閉じたタブの履歴にアクセスできるため、ここから閉じたタブをカーソルキー[↑][↓]で選択して[Enter]で復元することもできます。

Ctrl + Shift + T を入力すれば直前の状態に復元できる。また、Ctrl + Shift + A で「最近閉じた項目」を表示できる。

ハイパーリンクの文字をコピーする　Alt + ドラッグ

　Webページ内のリンク（ハイパーリンク）をクリックするとリンク先にジャンプしてしまうため、ハイパーリンクそのものの文字列をコピーするのは難しい……ように思えるのですが、**実は Alt を押しながらハイパーリンク上をドラッグすることで簡単に選択できます**。この方法を知らない人が意外と多いので、ぜひ一度試してみてください。シンプルですが、とても便利です。

Alt + ドラッグすることでリンク先にジャンプすることなく、文字列を選択できる

アプリ上の文字列を即Web検索する　Ctrl + Shift + L

　WebページやWord上に存在する文字列をWeb検索したい場合は、検索キーワードとなる文字列を選択して Ctrl + C してコピーしたのち、Microsoft Edgeをアクティブにして Ctrl + Shift + L で素早く実行できます。

Microsoft Edge上で Ctrl + Shift + L

コピーした文字列をキーワードとしたWeb検索ができる

Microsoft IMEの予測候補から検索する鬼ワザ Ctrl + B

Microsoft IMEでは、文字入力を行うと「予測候補」が表示されますが（p.59参照）、この予測候補で単語を選択した状態で Ctrl + B を入力すると、その単語でWeb検索することが可能です（変換候補では不可）。

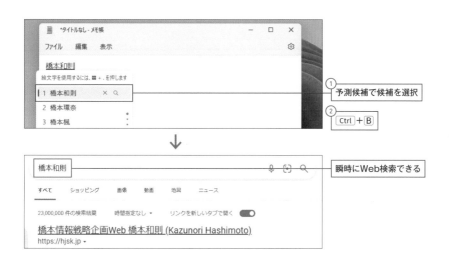

① 予測候補で候補を選択

② Ctrl + B

瞬時にWeb検索できる

Webページを読み上げる Ctrl + Shift + U

Webページの情報を読むことさえ時間が惜しまれる場面では、Microsoft Edgeで Ctrl + Shift + U を入力することで該当Webページを音声で読み上げることが可能です。**他作業しながら耳でWeb情報を取得するという時短を実現できます。**

該当ページを表示して Ctrl + Shift + U

一時停止などのコントロールもできる

読み上げスピードや音声をカスタマイズ可

検索プロバイダーを最適化する

Microsoft Edgeのアドレスバーに文字列を入力することでWeb検索ができますが、デフォルト検索サイトは「Bing」です。この**検索プロバイダーを変更して検索の効率を高めたい**場合は、Alt + F →「設定」を開いて、「プライバシー、検索、サービス」にある「アドレスバーと検索」をクリックします。「アドレスバーで使用する検索エンジン」から、最適な検索プロバイダー指定します。

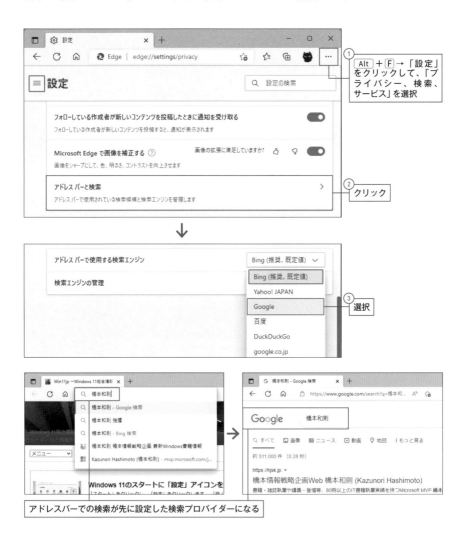

索　引

アルファベット

Caps Lock	58
HTML形式	186
IMEパッド	75
Keyboard Manager	86
Microsoft IME	59
「Microsoft IMEユーザー辞書ツール」ダイアログ	72
Microsoft PowerToys	78, 87
Microsoft Print to PDF	139
Microsoft Search	154
OCR	78
「Outlookのオプション」ダイアログ	158
PDFファイル	139
PIN入力	229
Snipping Tool	40
SUM関数	95
Text Extractor	78
To Doバーのタスクリスト	202
Webページを読み上げる	233
Windows Hello	229
Windowsフリップ	30

あ行

アーカイブ	185
「アイコンの変更」ダイアログ	214
アクティブセルの移動	110
「新しいフォルダーの作成」ダイアログ	182
「新しい文書パーツの作成」ダイアログ	204
アドレス帳	194
アニメーション効果	228
アプリ起動	20
アプリケーションキー	19
アプリの自動起動	229
アプリを一括で閉じる	28

アラーム	203
一括入力	118
記号	118
空白セルへ	119
数式	118
「色分類項目」ダイアログ	172
インクリメンタルサーチ	21
印刷プレビュー	139
引用行頭記号	189
ウィンドウ	
切り替え	29
最小化	32
整列	24
閉じる	27
ウィンドウサイズ	27
ウィンドウズキー	16
ウィンドウ枠の固定	112
英語を入力	68
エクスプローラー	42
表示場所を移動	44
レイアウト	45
閲覧ウィンドウ	154
絵文字ピッカー	65
オートコレクト	82
オートコンプリート	105, 187
オートフィル	140
大文字・小文字の切り替え	81
お気に入り（Outlook）	154
お気に入り（ブックマーク）	231
音声入力	74
音声読み上げ	171

か行

拡大・縮小（Excel画面）	101
拡張子	48
カタカナ変換	67

漢字 ································· 75
関数の検索 ······················ 96
「関数の挿入」ダイアログ ·············· 96
関数の使い方 ····················· 95
キーボード配列 ···················· 85
記号 ··························· 65, 71
既定の署名の選択 ················· 209
既読 ························ 159, 171
既読・未読を切り替え ··············· 171
キャプチャ ······················ 39
休止状態 ······················· 219
行（Excel）
　グループ化 ···················· 126
　選択 ························· 124
　挿入 ························· 124
　高さ ························· 122
　非表示 ······················ 103
クイックアクセス ··················· 42
クイックアクセスツールバー ··········· 51
クイックパーツ ··················· 204
クイック分析 ····················· 94
クリップボードの履歴 ················ 37
グループ化 ····················· 126
「形式を選択して貼り付け」ダイアログ
　···························· 35, 121
罫線 ·························· 137
桁区切り ····················· 98, 128
検索エンジン ···················· 234
「検索」タブ ···················· 179
合計 ·························· 93
高度な検索 ····················· 181
コピー＆ペースト ·················· 33
　書式のみ ······················ 36
コピーの履歴 ····················· 37
ごみ箱 ·························· 47
コメント ······················· 104

さ行

再起動 ························· 219
最近使用した項目 ················· 42
最近閉じた項目 ·················· 232
再変換 ························· 75

サインイン ····················· 229
シート ························ 106
　切り替える ···················· 106
　コピーする（ブック間） ············ 108
　削除する ····················· 109
　素早くコピーする ················ 107
　素早く作成する ················· 107
シート見出しに色を付ける ··········· 108
シート名を素早く変更する ··········· 107
ジェスチャ操作 ·················· 225
視覚効果 ······················ 228
時刻入力 ······················ 100
辞書 ·························· 64
自動応答 ······················ 191
自動校正 ······················· 83
「自動仕分けウィザード」ダイアログ ······· 175
自動的に送受信を実行する ··········· 161
自動的に保存する ················· 188
自動入力候補機能 ················· 115
シャットダウン ··················· 221
ジャンプリスト ··················· 28
集計行 ························ 147
修飾キー ······················· 16
住所を入力 ······················ 67
重要なメール ···················· 164
受信トレイ ····················· 169
条件付き書式 ···················· 164
ショートカットアイコン ············· 212
ショートカットキーの割り当て ········· 214
ショートカットメニュー ·············· 19
書式のみコピー ·················· 143
書式をリセット ···················· 81
署名 ·························· 207
白黒印刷 ······················ 139
「仕分けルールと通知」ダイアログ
　······················· 175, 183, 197
数式のコピー ···················· 120
数式バー ······················ 116
「ズーム」ダイアログ ··············· 101
スクリーンショット ················· 39
スクロールモード ·················· 223
［スタート］ボタン ················· 216
ステータスバー ··················· 93
スナップ ······················· 26

スナップレイアウト ……………………… 24
すべてのウィンドウを閉じる ……………… 28
スリープ ……………………………… 218
スレッド表示 ………………………… 162
スワイプ ……………………………… 225
セル
　　移動 ……………………… 110, 117
　　結合 ……………………… 102, 133
　　塗りつぶし（セルの背景色）………… 134
　　編集 ……………………………… 114
　　範囲選択 ………………………… 111
　　範囲選択（拡張選択モード）………… 112
セル内で改行 ………………………… 115
セル内の移動 ………………………… 114
「セルの書式設定」ダイアログ ……… 100, 138
全員に返信 …………………………… 194
全角英数変換 ………………………… 67
全角スペース ………………………… 69
全画面表示 …………………………… 25
「送受信グループ」ダイアログ ………… 161
送信トレイ …………………………… 199
「挿入」ダイアログ ………………… 124

た行

ダークテーマ ………………………… 215
タスク ………………………………… 202
タスクバー …………………………… 215
　　配置 ……………………………… 216
　　ピン留め ………………………… 22
タスクビュー ………………………… 29
タッチキーボード …………………… 76
タッチパッド ………………………… 225
タップ ………………………………… 225
タブを閉じる ………………………… 27
単語の登録 …………………………… 70
通貨（表示形式）…………………… 128
データ個数 …………………………… 93
データバー …………………………… 94
テーブル（Excel）…………………… 144
　　作成 ……………………………… 97
　　デザイン ………………………… 148
テーブルビュー ……………………… 62

手書き ………………………………… 75
テキスト化 …………………………… 78
テキスト形式 ………………………… 186
テキストのサイズ …………………… 226
デスクトップ ………………………… 212
　　拡大率 …………………………… 226
電源オプション ……………………… 219
添付ファイル ………………………… 180
同音異義語 …………………………… 64

な行

ナビゲーションバー ………………… 154
「名前の選択」ダイアログ ………… 195
名前の変更 …………………………… 46
「名前を付けて保存」ダイアログ …… 49
並べ替え（ソート）………………… 178
日本語入力 …………………………… 58
入力インジケーター ………………… 59

は行

パーセンテージ（表示形式）………… 128
背景画像 ……………………………… 215
背景色を交互に設定する …………… 97
配信タイミング ……………………… 192
半角英数 ……………………………… 68
半角スペース ………………………… 69
半角変換 ……………………………… 67
引数 …………………………………… 96
日付入力 ……………………………… 100
日付の桁数 …………………………… 131
日付（表示形式）…………………… 128
ビュー ………………………………… 154
　　変更 ……………………………… 164
表示形式 ……………………………… 128
表をテーブルに変換 ………………… 144
ひらがな変換 ………………………… 67
ピンチ ………………………………… 225
「ファイルの削除」ダイアログ …… 47
フィルター ……………………… 97, 147
フィルハンドル ……………………… 99

フォーカスセッション ……………………… 217
フォルダーウィンドウ ……………………… 154
　　最小化 ……………………………………… 156
　　展開 ………………………………………… 156
フォルダーの作成 …………………………… 182
「フォルダーへ移動」ダイアログ ………… 169
フォント（書体） …………………………… 135
フォントサイズ ……………………………… 80
部首 …………………………………………… 75
フラグ ………………………………………… 200
フラッシュフィル …………………………… 142
プレビュー機能 ……………………………… 45
文書の先頭 …………………………………… 79
文書の末尾 …………………………………… 79
文節を指定 …………………………………… 63
分類の自動化 ………………………………… 175
平均 …………………………………………… 93
変換候補 ……………………………………… 60
　　拡張表示 …………………………………… 62
返信 …………………………………………… 194
ホイールボタン ……………………… 223, 231

ま行

マウスカーソル ……………………………… 223
マウスポインター …………………………… 222
　　速度 ………………………………………… 224
見出し行を強調 ……………………………… 97
見出しの配置 ………………………………… 134
未読 …………………………………………… 171
苗字と名前 …………………………………… 142
メールの送信 ………………………………… 194
メールの分類 ………………………………… 173
メールフォルダーの移動 …………………… 169
メールの読み上げ …………………………… 171
メッセージウィンドウ ……………………… 157
メッセージのプレビュー …………………… 163
メッセージファイル（MSGファイル） … 206
目盛線 ………………………………………… 138
メンテナンス ………………………………… 221
文字カーソル ………………………………… 227
文字の配置 …………………………………… 132
文字列を選択 ………………………………… 79

モダンスタンバイ …………………………… 220

や行

ユーザー辞書 ………………………………… 70
　　エクスポート ……………………………… 72
ユーザー設定リストの編集 ………………… 141
ユーザー定義 ………………………………… 129
郵便番号 ……………………………………… 67
よく利用するショートカットキー ………… 86
予測候補 ………………………………… 60, 233

ら行

ライトテーマ ………………………………… 215
リボンコマンド ……………………………… 50
リボンの表示／折りたたみ ………………… 51
利用頻度が高いアプリ ……………………… 21
レイアウト候補 ……………………………… 24
列（Excel）
　　グループ化 ………………………………… 126
　　選択 ………………………………………… 124
　　挿入 ………………………………………… 124
　　幅 …………………………………………… 122
　　非表示 ……………………………………… 103
連絡先グループ ……………………………… 196
録画 …………………………………………… 41
和暦 …………………………………………… 131

■ 著者紹介

橋本 和則（はしもと かずのり）

IT 著書は 80 冊以上に及び、代表作には『パソコン仕事 最強の習慣 112』『先輩がやさしく教えるセキュリティの知識と実務』『小さな会社の LAN 構築・運用ガイド』『Windows 10 上級リファレンス』『Windows 10 完全制覇パーフェクト』『Outlook 2021 やさしい教科書』などがある。

IT Professional の称号である Microsoft MVP（Windows and Devices for IT）を 16 年連続受賞、Surface MVP でもある。デバイス・操作・時短テクニック・カスタマイズ・ネットワークなどをわかりやすく個性的に解説した著書が多く、雑誌・法人向け会報誌でもテレワーク・セキュリティ・Windows 関連などのビジネス向けの解説で活躍。時短やショートカットキーを解説したオンライン講義や講演も好評を博している。

Windows 11 総合サイト「Win11.jp」（https://win11.jp/）のほか、サーフェスの総合サイト「Surface.jp」（https://surface.jp.net/）など 6 つの Web サイトを運営。

● カバーデザイン　　　上坊 菜々子
● 編集・制作　　　　　BUCH⁺
● 担当編集　　　　　　岡本 晋吾

■ **本書のサポートページ**

https://isbn2.sbcr.jp/10975/

本書をお読みいただいたご感想を上記 URL からお寄せください。
本書に関するサポート情報やお問い合わせ受付フォームも掲載しておりますので、
あわせてご利用ください。

時短×脱ムダ 最強の仕事術
じたん　だつ　　　さいきょう　　しごとじゅつ

2023 年 4 月 6 日　初版第 1 刷発行

著　者	橋本 和則 はしもと かずのり
発行者	小川 淳
発行所	SBクリエイティブ株式会社 〒 106-0032　東京都港区六本木 2-4-5 https://www.sbcr.jp/
印刷・製本	株式会社シナノ